头部主播养成计划

打造你的超级带货力

丁浩 / 著

中信出版集团 | 北京

图书在版编目（CIP）数据

头部主播养成计划：打造你的超级带货力/丁浩著. -- 北京：中信出版社，2021.1
ISBN 978-7-5217-2200-0

Ⅰ.①头… Ⅱ.①丁… Ⅲ.①网络营销 Ⅳ. ① F713.365.2

中国版本图书馆 CIP 数据核字（2020）第 167374 号

头部主播养成计划——打造你的超级带货力

著　者：丁浩
出版发行：中信出版集团股份有限公司
　　　　（北京市朝阳区惠新东街甲 4 号富盛大厦 2 座　邮编　100029）
承　印　者：河北鹏润印刷有限公司

开	本：880mm×1230mm　1/32	印	张：8.5	字	数：157 千字
版	次：2021 年 1 月第 1 版	印	次：2021 年 1 月第 1 次印刷		
书	号：ISBN 978-7-5217-2200-0				
定	价：59.00 元				

版权所有·侵权必究
如有印刷、装订问题，本公司负责调换。
服务热线：400-600-8099
投稿邮箱：author@citicpub.com

目录

前言 V

第一部分
人人皆可播——入场直播卖货

第1章 直播，带货的标配

重新定义电商和新零售 003

何时入场最合适 010

秀场主播不等于卖货主播 017

直播卖货的挑战和未来 023

第2章 微信直播：人人皆可播的私域直播新平台

错失了第一波直播，直接切入微信直播 033

腾讯看点直播还是微信小程序直播 038

"女神节"，押宝微信小程序直播 042

第二部分
21天扫盲——从"小白"蜕变为"腿部主播"

第3章 第1~7天 开播筹备：第一次直播卖货需要准备的5样东西

准备一：必备的心态 049

准备二：选择平台 053

准备三：打造人设　060

准备四：直播模式 + 直播预告　064

第4章　第8~14天　直播场控：如何布置一个100分直播间

直播间搭建　071

直播间灯光　075

直播间设备　081

第5章　第15~21天　脚本策划：10分钟写一个高转化的直播脚本

没有脚本的直播，只会垮掉　087

直播脚本　093

爆款封面和标题　098

第三部分
33天进阶——从"腿部主播"成为"腰部主播"

第6章　第22~32天　销售话术：5步销售法和5个常用的直播间话术

直播卖货的 FAB 法则　107

直播间 5 步销售法　113

直播间的常用话术　118

第7章　第33~43天　引流涨粉：实现从0到10 000的观看量和涨粉量

直播间流量的四大来源　127

把公域流量转化为私域流量　130

建立引流矩阵，从各个平台获取公域流量　135

评论区引流法　142

有效涨粉的五大技巧　143

提升直播人气的七大技巧　149

第8章　第44~54天　产品选择：选对产品，直播卖到爆

选品，直播卖到爆的基础　155

头部主播直播间的选品策略　160

二维选品法　165

定位选品法　168

产品组合法　171

从疫情下的直播选品看遇到突发事件时的选品策略　178

第四部分
36天进化——从"腰部主播"进阶为"头部主播"

第9章　第55~63天　复盘：头部主播的独门秘诀

卖货不是终点，复盘才是关键　187

直播复盘的三大维度　190

直播复盘的六大步骤　195

第10章　第64~72天　直播间社群裂变：层层裂变，汲取最大的私域流量

社群，流量的前沿阵地　205

如何从0到1构建你的第一个社群　209

社群营销：增强粉丝黏性，提升社群影响力　217

如何用社群撬动百万直播观看量　220

第11章 第73~81天 "翻车"应对：信任纽带如何维系

"头部主播"必备的应变能力　227

直播常见的突发状况及处理方案　230

李佳琦如何应对"不粘锅翻车"事件　235

网易严选如何扭转一场危机　240

第12章 第82~90天 从个人到企业的转型：从个人主播到企业CEO

招募代理与培养代理团队　243

如何从0到10 000　249

常见的5个供应链玩法　254

前言

如果你问我:"2019年最火爆的行业是什么?"我会毫不犹豫地告诉你:"是直播!"

如果你问我:"2019年最赚钱的行业是什么?"我还是会毫不犹豫地告诉你:"是直播!"

如果你问我:"2019年转化率最高的营销模式是什么?"我依然会毫不犹豫地告诉你:"是直播!"

的确,2019年,"忽如一夜春风来",直播卖货这种从2016年就已经出现的营销模式在经历了近三年不温不火的发展后,忽然释放出了巨大的潜力和无限的魅力,以一种"火山喷发"的方式出现在你我的生活中。

写到这里,你不妨回忆一下,在现实生活中,你曾经把多少"无聊"的碎片时间花在了观看直播上;你曾经有多少次为直播中的产品心动,在不知不觉中买下了原本不在计划之内的直播产品。

在2019年之前,如果你懂直播,或者听说过直播,那么你可以算是半个"潮人";在2019年之后,如果你不知道李佳琦和薇娅,不知道直播卖货为何物,那么你无疑就是那个已经或即将被时代"淘汰"的人了。

直播卖货为什么这么火呢?

在经过深思熟虑后，我想告诉你任何事物的火爆都不是偶然的，其中一定有缜密的内在逻辑和原因。

对直播卖货而言，其火爆的根本原因在于这种既有娱乐性，又有强烈互动性的卖货模式，成功地将营销从"商品与人的对话"变成了"人与人的对话"，从而让用户愿意为"交流感"和"参与感"买单。

说到这里，我们不妨来看一下在2019年，那些由直播卖货创造的"销售奇迹"。

"双11"淘宝直播带来的成交数额接近200亿元。

李佳琦创下5小时销售额达353万元的奇迹。

薇娅一天内的直播收入可达到公司上市的要求。

主播瘦哥，一场直播售出价值30多万元的贵妃芒。

湘西九妹通过淘宝直播，两天售出价值40万元的滞销猕猴桃。

柳岩在快手的直播中创造了3小时1 500万元成交额的销售奇迹。

王祖蓝通过淘宝直播卖出过10 000件珠宝，成交额超过300万元。

欧莱雅在线上预售发布会中，直播17小时，获得近100万次点击。

过去，一个传统企业一年要完成10亿元的销售额，至少需要1 000名员工；一个电商企业一年要完成10亿元的销售额，至少需要100名员工。现如今，通过直播，一年要完成10亿元的销售额，可能只需要一个由10多个人组成的直播团队、一台电脑、一个摄像头和一支话筒。

这种略显疯狂的"直播+电商"的营销模式宣告了一个更新、

更强悍、更多玩法的电商时代——直播电商时代的到来。

2020年7月6日，人力资源和社会保障部联合国家市场监管总局、国家统计局发布9个新职业和新工种。其中，在"互联网营销师"下增设"直播销售员"。至此，带货主播正式成为一个新的工种。

在直播电商时代，谁洞悉了时代趋势，谁抓住了营销命脉，谁掌握了直播技巧和带货诀窍，谁就能"笑傲江湖"。

在过去的几年中，我们通过摸索和实践，总结出了一套包括直播间搭建、脚本撰写、销售话术、涨粉引流、选品、复盘、"翻车"应对等在内的实用的直播技巧和带货方法，这套简单、高效的直播卖货实战技巧，曾让许多卖货主播受益，我们也见证了无数直播卖货的新手一步步从"腿部主播"晋升到"腰部主播"甚至成为"头部主播"的发展历程。

有感于直播卖货行业对专业人才的渴望，作为行业的受益者和直播卖货的先行者，我认为自己有责任也有义务为行业的进一步扩大，为影响并帮助更多人加入这一行业尽绵薄之力。于是，在经过慎重的考虑后，我决定将直播卖货实战技巧整理出来，分享给更多志趣相投的朋友。

立言不易，希望这本书讲述的直播卖货的方法和技巧能够帮助更多商家和卖货主播，抢占直播电商时代的千亿红利市场。

第一部分

人人皆可播
入场直播卖货

第 1 章

直播,带货的标配

如今,在李佳琦、薇娅等"头部主播"的影响和带动下,卖货直播俨然已经成了品牌与商家"品宣+卖货+吸粉"的最佳渠道,它重新定义了电商与新零售的营销新玩法。可以预见的是,随着5G(第五代移动通信技术)时代的正式到来,卖货直播也迎来了新的发展机遇,谁能抓住这个机遇,谁就能抓住市场的脉动。

重新定义电商和新零售

在晚上7点下班后,来自杭州的白领Amy已经拿出手机等待李佳琦的直播了,半小时后,"男闺密"李佳琦如约而至。

"OMG(天啊),买它!","3、2、1,上链接!"在李佳琦的标志性话语中,Amy一边打发着下班后的无聊时间,一边已经不自觉地下单了面膜、BB霜等商品。作为多年好友,Amy在和我聊到直播时说道:"一开始只是无聊打发时间点开了直播间,后面就

'中毒、上瘾',一发不可收拾了。"

以上提到的场景,相信一定也是许多正在翻阅这本书的朋友的日常生活状态。而我的好友 Amy 对直播的感受和态度,也一定道出了许多人的心声。这一切,无不说明了一个事实:直播卖货犹如一匹黑马,到了 2019 年,它已经彻底"出圈"了。

从 1.0 到 4.0,电商发展的 4 个阶段

如果我们认真梳理电商的发展历程,就会发现,在时代洪流的推动下和在新技术、新思维、新理念的引领下,电商已经发生了翻天覆地的变化。根据不同时期的电商的不同特点,我们可以将电商的发展之路划分为 4 个阶段。

电商 1.0:传统零售业与互联网的第一次亲密接触

在电商 1.0 时代,电商概念的范畴很窄,一般指的是淘宝、京东等电子交易平台,这些平台里的流量就是所谓的电商流量。商家如何生存,生存的空间有多大,完全受限于平台的规则,因此竞争非常激烈,而且交易形式很单一。

这一阶段,是传统零售业第一次拥抱互联网,也是各大商户初次尝试将生意从线下门店搬到线上互联网,它标志着一个新零售时代的到来。

电商 2.0:"网红电商"

2013 年以后,电商赛道多了一些新花样和新玩法。彼时,很多新鲜的电商概念逐渐兴起,比如垂直电商、内容电商、红人电商、社交电商等,这些新玩法为电商创造了越来越多的场景,驻扎在其

中的商家也开始各尽其力，采用不同的方式来扩大自己的利润空间。随之而来的是很多微博红人逐渐成为新电商的代表人物，而商家获取流量的方式也越来越多样。

网红的崛起和风靡，标志着电商 2.0 时代的到来，这一阶段的电商，也因此被人们形象地称为"网红电商"。

2016 年，淘宝直播兴起，这一年也被命名为"直播社交元年"。当时，直播的形式还主要以炫目养眼的美女主播聊天、热舞、唱歌为主，如果大家认真回想一下，那么应该还能记起那几年在一些互联网产品的发布会现场，坐在前排的永远是那些穿着靓丽、打扮浮夸、举着手机的美女主播。

随着直播这种新玩法的加入，"网红电商"也迎来了属于自己的高光时刻。

电商 3.0：内容电商

2017 年下半年开始，短视频火了，仿佛在一夜之间，它就以迅雷不及掩耳之势，迅速侵入了人们的生活。无论是在微信朋友圈、QQ 空间这样的线上社交平台，还是在奶茶店、地铁站、公交车等线下公共场合，我们几乎都能看到抖音、快手等短视频平台的身影。当越来越多的人开始把刷抖音、看快手作为消磨无聊时光的首选时，越来越多的商家和品牌基于流量和品牌的诉求，纷纷布局短视频平台，力图"收割"流量红利。于是，以内容电商为核心的电商 3.0 时代正式到来。

如果说抢夺流量红利是商家开启电商 3.0 时代的初衷，那么各大短视频平台的政策扶持，便是把电商 3.0 时代推向风口的最强助攻。

以抖音为例：2018年12月11日，抖音决定正式向全平台符合要求的账号开放购物车自助申请。

2019年年初，抖音推出"好物联盟"，全面开放零粉丝购物车申请权限。"好物联盟"包含全面、到位的带货解决方案及丰富的物质奖励，同时，还有价值亿元的专属流量扶持，专业的运营指导等让每个人都可以轻松玩转抖音带货，平台的这些扶持政策给了新商家一次从新手入门到冲击头部抖音网红及卖货达人的机会。

2019年5月，抖音正式公布了抖音小程序生态的相关布局，并同时宣布支持商品搜索，购物车接入京东，向第三方电商平台开放……

从上面的时间线中我们可以看出，抖音的战略不仅专注于打造顶级流量平台，而且其还在顶级娱乐、社交流量的带动下积极寻求电商变现，逐步建立自有电商生态。以抖音为首的"内容＋社交＋消费"的商业模式的出现，也标志着电商3.0时代的到来。

电商4.0：直播电商

时代的车轮滚滚向前，当以抖音为首的短视频红利还没开始消退时，一种更新、更强悍的电商玩法——直播卖货已然开始。

手机，一秒一万台。

洗发水，一分钟三万瓶。

连衣裙，几分钟轻松突破万单。

口红，两小时卖了一万支。

…………

如今，通过直播这种时下最火的带货方式，主播只需要一套包含一台电脑、一个摄像头、一支话筒等的极为简单的装备，就可以完成几十万元、几千万元甚至几亿元的销售额。

这种略显疯狂的"直播+电商"的营销模式，也宣告了电商4.0时代的到来。

重新定义电商和新零售

以上，我们梳理了电商发展的4个阶段。可以说，从电商1.0的"图文时代"，到电商4.0的"直播时代"，从传统商业的以商品为核心，到如今的以人为核心，直播正在重新定义电商和新零售，并逐渐成为各大商家创收的重要途径。

事实上，在淘宝直播刚刚兴起的时候，没有人预测到它如今的火爆和疯狂的带货能力。但这一切都成了事实，直播间的虚拟购物场景，已经成功地将曾经狭小的市场里的叫卖声带到了实时互动的直播间里。

直播带货的火爆，固然离不开时代洪流的推动，但从本质上来说，这还要归功于直播带货模式本身的内在逻辑，这种内在逻辑归纳起来，不外乎就两点：一是直播将卖货从"商品与人的对话"，变成了"人与人的对话"；二是直播卖货让用户为"交流感"和"参与感"买单。

具体来说，以"内容、平台、渠道、终端、服务"相结合的社交媒体新形态为主要特征的直播平台在带货方面主要具有以下四大优势。

一是产品的展现形式更加真实

在直播卖货的过程中,主播一般会对产品进行详细而有针对性的讲解,这种产品的展现形式的最大特点就是客观、真实。首先,相比于传统的图文模式,这种由主播讲解商品的方式显然更能打动用户;其次,当面对成千上万的消费者时,主播说谎和套路用户的概率变得极低。

以服装类、美妆类的带货直播为例,主播的试穿、试用体验往往能够将产品客观、真实地展现在消费者的面前,从而让消费者以更快的速度去接受那些被推荐的产品。

二是更容易建立品牌信任

经常看直播的人应该都有体会,在直播的过程中,许多主播经常会无情地"吐槽"产品或者对某产品说"不",这些对于拉近主播与用户之间的距离,建立主播与用户之间的信任能够起到很好的作用。

从本质上来说,主播其实就是用户与产品之间的桥梁,当用户对主播产生了足够的信任时,用户就会不自觉地把这种信任从主播的身上转移到产品的身上。在营销的过程中,消费者购买的最佳动机就是需求和信任,在有了这种信任后,消费就会随即产生,这也是许多头部主播一场直播能够完成几百万元甚至上千万元销售额的根本原因。

三是抓住用户的消费"软肋"

把直播间打造成天然的促销场景,开启"秒杀"模式,并带动弹幕节奏,营造急促的抢购氛围,不给用户任何犹豫的时间,这是如今许多主播在进行直播时都会使用的招数。这一招数的底层逻辑便是抓住大多数用户的"软肋"：直播间用户尤其是女性用户群体在购买商品时极易因优惠促销而产生冲动型消费。

如果你认真观察就会发现，在直播的过程中，主播喜欢强调自己销售的商品是全网最低价。通过这种言语的刺激，再加上用户对主播本身的信任，用户很容易产生冲动付款的行为。并且，在付款行为产生后，用户往往还会因为"抢到了物美价廉的商品"而产生极大的满足感。这也是直播带货让许多用户，尤其是女性用户"欲罢不能"的关键原因。

四是兼顾直播内容的娱乐性和互动性

在本章的开头，我提到了 Amy 看直播的故事。事实上，许多人和 Amy 一样，一开始选择进入直播间看直播，并不是为了"买买买"，而是为了消磨时间，体验直播带货的新鲜感和刺激感。

他们之所以选择以看直播的方式打发时间，是因为直播本身就兼具娱乐性和互动性。当然，这些因为直播内容的娱乐性和互动性而选择进入直播间的用户，最终，会在主播的带动和物美价廉的商品的吸引下，像 Amy 一样在不知不觉中产生消费行为，这也正是直播带货的魅力所在。

以上介绍的直播带货的四大优势，也正是如今在几寸屏幕上，主播正成为带货重要渠道和电商升级换代的重要原因。作为商家"品宣＋卖货＋吸粉"的最佳渠道，直播卖货带来的不仅是一个行业的狂欢，更是整个电商和零售业的狂欢。

何时入场最合适

忽如一夜春风来，2019年，直播卖货彻底火了。

在看到直播卖货的强大带货能力和其背后强大的营销逻辑后，许多后来者跃跃欲试，正摩拳擦掌地奔向直播卖货或者准备奔向直播卖货。

直播卖货的能量究竟有多大呢？要想入场直播卖货，把自己打造成流量中心，什么时候最合适呢？阅读后文，相信你会找到答案。

直播卖货的魅力

直播卖货的魅力究竟有多大呢？这一切，还得从直播本身说起。

2016年，各大App（应用程序）迅猛发展，网红主播被各方追捧，直播开始渗透到人们生活的方方面面。

然而，在完成了最初的圈层渗透后，直播也面临着发展瓶颈，那就是单一的内容传播，直播在精准解读了用户需求并推送匹配的内容留住用户后，不得不直面变现的根本难题。于是，在不断延伸直播平台边界的过程中，2018年初，一种以"直播+电商"为模式的新型商业生态呼之欲出，成为快速实现电商流量变现的新趋势和新玩法。

如果说2018年的淘宝直播在造"风"，那么，2019年下半年，"风"终于来了，并且这股"风"还相当强劲。

公司2019年11月公布的Q3（第三季度）财报显示，手淘中以淘宝直播为代表的互动性、社区性功能在 2019 年已带来超过 1 000 亿元的 GMV（网站成交金额）。

艾媒报告中心最新发布的数据显示：2019 年，中国在线直播用户规模达 5.04 亿人，较 2018 年增长 10.6%，2020 年，预计增至 5.26 亿人；2020 年，中国直播电商销售规模将达 9 160 亿元，约占中国网络零售规模 8.7%，2019 年明星 KOL（关键意见领袖）带货转化率达 84.3%，直播平台主播带货转化率达 83.1%，短视频网红带货转化率达 82.3%，UP 主（视频、音频文件上传者）带货转化率达 78.3%，微博大 V（经过微博实名认证的高级账户）带货转化率达 75.3%（如图 1-1 所示）。

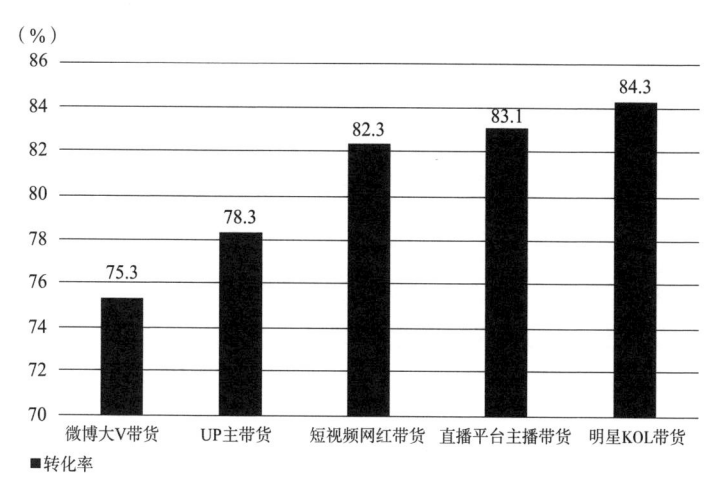

图 1-1　2019 年中国各类 KOL 带货转化率调查

数据来源：艾媒报告中心

这些数据向我们传递了一个明确的信息：直播带货已成为 2019

年最流行的消费模式之一。电商选择直播、小白加入直播、用户观看直播，直播在如今已成为一种标配，而不是选配。

扶贫＋助力国货，直播带货的潜力无限

直播带货的魅力已经得到了大众的广泛认同，越来越多的品牌、企业、机构开始布局直播带货。而且，当我们进入直播间时，我们看到的已经不仅仅是商家、网红主播、带货达人了，农民、企业家、村主任、县长、央视主持人等，都纷纷加入了直播带货的行列。

直播带货的作用也不再限于卖货，它还可以在扶贫、拉动国货消费、助力国产品牌等方面发挥作用。

直播助农，助力扶贫攻坚

2020年4月23日下午，云南省保山市施甸县副县长张海燕在田间地头开展了一场别开生面的直播带货。他拿起扁豆为观众介绍买菜小窍门："扁豆要挑长的，直的，豆荚饱满的，这样的扁豆肉质厚实。"在这场直播中，张副县长卖的是当地的农产品，这种利用直播带货，帮助贫困地区销售农产品的方法，已经成为精准扶贫的一个新举措。

直播打破了地域的局限，借助发达的物流网络，推进了贫困地区农产品的线上销售，优化了贫困地区农产品的供应链。当地农民不必再费心寻找农产品的销路，他们通过直播就可以将农产品卖给消费者。相比传统的、走马观花式的农产品展销，直播更能吸引消费者的注意力，也更能加强消费者对品牌和产品的认知，让更多的优质农产品走出来。

扶贫是全社会的重任,快手、斗鱼等直播平台纷纷布局扶贫公益直播,用一次次直播为贫困地区的农民带来一笔笔订单。淘宝、京东、拼多多等电商平台也纷纷挖掘"直播+电商+助农"的扶贫新模式。未来,直播还将在扶贫的进程中发挥更大的作用,其不仅会进一步带动消费,还将提升贫困地区的产业效率,拉动产业转型。

"央视boys"直播带货,拉动国货消费

2020年4月6日,央视知名主持人朱广权和直播带货达人李佳琦联手,共同直播推销湖北的农副产品。这次直播吸引了1.2亿网友在线观看,朱广权和李佳琦这对跨界组合也被网友戏称为"小朱配琦"。紧接着,央视主持人纷纷加入直播行列,"央视boys""欧阳下(夏)单(丹)"等也成了人们津津乐道的话题。

央视"名嘴"的直播带货之所以备受关注,一方面是因为他们的跨界行为给观众带来了新鲜感,另一方面是因为他们有着不输明星、网红的带货能力。

2020年5月1日,由康辉、撒贝宁、朱广权、尼格买提4位主持人组成的"央视boys"在央视新闻客户端、抖音、国美美店微信小程序、拼多多、京东等平台进行了一场直播。在这场时长为三个小时的直播中,"央视boys"创下了高达5亿元的销售佳绩。值得一提的是,在这场直播中销售的产品大多为海尔、华为、格力、美的、方太、老板、荣耀等国货品牌。

在国货崛起的当下,央视、人民日报等主流媒体纷纷加入直播带货，拉动国货产品销售，让国产品牌更加深入人心。我们有理由相信，直播带货将极大助力国货品牌发展，为中国塑造更多的"国货之光"。

何时入场最合适？是现在！

看完上面的数据，相信许多人都会产生加入直播卖货队伍，分得流量红利的一杯羹的冲动和欲望。何时入场最合适呢？

事实上，在现实生活中，在和许多人聊直播时，我发现，他们对直播卖货有着极大的兴趣，可是由于各种各样的原因，最终，他们都没有勇气迈出这一步。他们中的许多人，也曾不止一次地问过我同样的问题："如果我想做直播卖货，什么时候最合适呢？"对于这个问题，我的回答永远都是："是现在！"

不得不说，这是一个充满了机遇的时代，只要你找到了风口，并敢于站在风口处，你就有可能成为在时代中"捞金"的人。正如马云曾说过的那样："任何一次财富的缔造必将经历一个过程：先知先觉经营者，后知后觉跟随者，不知不觉消费者！"

其实，在阿里的"红宝书"里，马云还曾说过，大部分人看待机遇有以下4个阶段：

第一阶段：看不见。

第二阶段：看不起。

第三阶段：看不懂。

第四阶段：来不及。

把这个金句用到直播卖货中特别适合,据此,我们也可以总结得出直播卖货的 4 个发展阶段。

看不见

2016 年,当直播这种形式刚刚在淘宝上线时,它其实并不被人看好,甚至还一度被称为社交媒体的边缘化产品。而当我在 2017 年刚开始决定做相关项目时,绝大多数人还并不清楚它究竟是什么项目,对于直播的未来,他们更是深感担忧。

看不起

2018 年之前,尽管直播在经过了一段时间的蛰伏后,已经形成了一定的气候,但是,彼时的直播,大多是以秀场直播和娱乐直播为主,直播的主播也大多靠"颜值"吃饭,直播的形式就是主播在镜头前表演才艺以及和用户聊聊天。

那时候,许多商家还并没有接受直播卖货这种营销形式,即便是已经入驻了天猫平台的电商商家,也并没有从内心接受淘宝直播,它们认为这种形式不高级、不洋气,相比之下,它们更愿意把时间、精力和金钱投入抖音、快手。这一时期也是以短视频为代表的内容电商的风靡期。

看不懂

2018 年下半年,直播卖货终于走出了寒冬,逐渐在春风的温暖抚慰下苏醒过来。彼时,愿意加入直播卖货阵营的电商商家和主播也如雨后春笋般多了起来。

2018 年的"双 11","淘宝带货女王"薇娅创造了两小时 2.67 亿元的销售神话;2019 年年初,横空出世的"口红王子"李佳琦又屡创直播带货佳绩。此后,薇娅和李佳琦成为当之无愧的直播带货"一姐"和"一哥"。而在以他们为主导力量的头部带货主播的共同引导下,直播卖货也被越来越多的媒体、投资人、用户看到。一时间,直播大战风起云涌,越来越多的电商商家开始把直播纳入自己的营销战略之中。

尽管此时的带货直播已经逐渐风靡起来,但大部分人对它的了解和判断还停留在"看不懂"的阶段。

来不及

2019年,尤其是2019年下半年,直播彻底火了。相关数据显示,这一年,淘宝直播平台的主播人数已经从2018年的6 000人增长到了20 000人,签约的直播机构达到1 000家。无数的电商商家,已经把直播卖货列为最重要的营销战略之一。走入电商直播间的,不只有网红主播,还有影视明星、品牌方以及来自生产一线的员工。

然而,到了这时候,在看到直播卖货强大的卖货能力和明朗的未来后,许多人想加入进来,却发现已经来不及了。

以淘宝直播为例,2016年,淘宝在刚刚开通直播功能时,几乎未设置任何门槛,遍地的流量,只要你敢于做第一个"吃螃蟹"的人,你就可以轻易获得流量,然而等到了2019年下半年,淘宝直播已经有了一定的门槛,这时候,如果你想进来,并且分得流量的一杯羹,你就必须从"人、货、场"三个要素入手,做精细化运营,否则,你只能在流量的门外徘徊。

如今,在营销界有这样一句话:"如果你在2008年错过了淘宝红利,在2013年错过了网红红利,在2017年又错过了短视频红利,那么现在你还想继续错过直播带货的红利吗?"

事实上,严格来说,获得直播带货红利的最好的机会在三年前,但倘若你已经遗憾错过了,那么另一个合适的时机,就是现在。在当下这个时间节点,集天时、地利、人和于一体的直播卖货,已经蓄足势能,等待彻底爆发。

最后,我想用张泉灵老师的一句话结尾:"历史的车轮滚滚而来,越转越快,你得断臂求生。不然就跳上去,看看它滚向何方。"

秀场主播不等于卖货主播

毫无疑问的是,2019年之后,直播带货的风口已经真正到来,尽管除李佳琦和薇娅外再难出头部主播,但只要这个风口还在,其就能惠及更多的主播、用户和平台。如果你不想错过这个风口,也想成为这个风口的获利者,你就要勇敢地拥抱它。

当然,在拥抱风口,正式迈入直播卖货的门槛之前,你还需要弄清楚一个问题:秀场主播等于卖货主播吗?我之所以把这个问题拎出来单独讲解,是因为公司在面试新主播时,经常有人会这样介绍自己:"我之前做过娱乐直播,有经验。我觉得自己颜值还可以,而且有才艺,应该能胜任……"

每当听到类似的回答时,我都会在心里苦笑着对自己说:"完了,又一个理解错误!"事实上,对于前面抛出的问题,我的答案是:"不,秀场主播不等于卖货主播。"

卖货直播与秀场直播的区别

2019年，淘宝迎来了"电商直播元年"，直播的方式和目的均发生了根本性变化，相应地，市场对参与直播的主播的要求也发生了变化。如果我们认真分析一下，就会发现，卖货直播与过去的秀场直播、娱乐直播之间至少存在以下三大区别。

商业模式的区别

过去，人们常把秀场直播形容为"杀时间的利器"，它的商业模式也可以简单地归纳为那些娱乐主播、秀场主播通过"推广自己"的方式，即通过自身的才艺和颜值，比如通过唱歌、跳舞、聊天等方式，来获得用户的打赏。

经过时间的验证，这种单一的商业模式带来的直接后果便是面对千篇一律的网红脸和过于单调的直播内容，用户会逐渐产生审美疲劳。这也是如今秀场直播、娱乐直播走下神坛，遭遇"滑铁卢"的主要原因。

卖货直播则与过去的娱乐直播、秀场直播完全不同，以卖货为目的的主播并不靠"打赏"为生，他们要做的是利用已有的人气，带动商品的销售。因此，在直播的过程中，卖货主播除了要展示才艺和颜值外，更要卖力地推销产品，对自己推广的产品的情况，甚至是整个行业的情况做细致的介绍。在这个过程中，带货量与销售额则是衡量主播带货能力的标尺，也是决定主播收入的关键。

变现能力的区别

据相关统计数据显示：过去，由于聚集起来的流量无法直接变现，秀场主播和娱乐主播的流动率高达80%~90%。因此，我们也经常会听到"某秀场主播又被挖走了"的消息。

而以卖货为核心的直播很好地解决了娱乐直播和秀场直播变现难的问题,由主播带来的流量,都可以通过卖货实现有效的二次转化。并且,直播卖货的变现渠道是非常宽广的。

熟悉直播的人都知道,在直播中,大到汽车、家具,小到扣子、发卡,偏远如乡村的农产品,近如城市商场的库存,在直播间里几乎什么产品都可以卖,这个市场本身就非常大,并且,因为省掉了很多中间环节,直播里卖的东西往往都是物美价廉的,这也是直播卖货能够迅速俘获人心的根本原因之一。

正如有人在评价直播卖货时所说的那样,"直播卖货能做到曝光产品的同时,又能满足数据的真实性,还能变现,把广告费用赚回来,商家、客户和付费方都能从中获利,这也是之前的娱乐直播做不到的"。

运营方式的区别

除了以上提到的两大区别外,娱乐直播、秀场直播和卖货直播的根本性区别在于运营。

关于这一点,我非常有发言权。过去,在运营公司的过程中,我们也曾尝试过招募一些娱乐主播和秀场主播做卖货直播,结果发现,那些过去把娱乐直播和秀场直播做得风生水起的主播,在面对卖货直播时却显得束手无策,根本无法适应卖货直播的生态。

原因很简单,过去,当这些主播在做娱乐直播或者秀场直播时,用行话来说,他们通常只需要"套住土豪",即卖力地维系好几十位经常打赏的用户即可,这也是由娱乐直播和秀场直播的商业模式决定的。

然而，在卖货直播中，这种商业模式发生了根本性变化，相应地，作为卖货主播，他们的工作重点不再是仅仅维系几十位用户，而是必须通过精细化运营，去维系成千上万个要来购物的用户，比如，他们需要挑选好的产品，争取最合适的价格，负责发货事宜等。一时间，主播无法适应也在所难免。

由此可见，相比于过去的娱乐直播和秀场直播，在卖货直播中，专业化运营和精细化运营至关重要，而要做到良好的运营，除了依靠主播自己的努力，其也离不开整个团队的帮扶。

以薇娅为例，为了避免上错链接、讲错宝贝、报错价格或讲错功能等情况，在开播之前，薇娅一般都会做足功课，在这个过程中，她的团队也会发挥巨大的作用。

卖货直播需要具备的 4 种能力

以上我们分析了卖货直播与秀场直播、娱乐直播的三大区别，这些区别决定了一名优秀的卖货主播必须具备以下 4 种能力。

洞察能力

卖货主播，实际上是另一种形式的销售人员，他们的直播任务是促进商品的成交。而销售员最需要的技能，就是洞察人性。

在实体店铺，从你一只脚踏进店铺大门时起，销售员就已经开始观察、分析你了。他们会根据你的行为举止、穿着打扮甚至外貌特征，判断你的消费能力、购物喜好，一旦你表现出购买的欲望，他们就会极力引导你达成交易；若是你表现得兴味索然，不想购买，他们就会立刻放弃继续在你身上花费精力，转而攻克其他顾客。

在这个过程中，销售员判断你是否会达成交易的能力，其实是通过他多年销售经历积累的经验得来的。

同样的，卖货主播虽然不能与客户面对面地进行交流，但是他们也在不断剖析顾客的需求。这种看起来比较单向的交流，也是需要主播在直播前进行大量用户调研的，直播的标题、封面、宣传语甚至售卖的商品，都是基于用户调研产生的，调研结果能够非常直观地反映用户的需求。

语言表达能力

语言就是卖货主播的武器，良好的语言表达能力是做好卖货主播的基本素养之一。试想一下，如果一个卖货主播，语言表达能力弱，说话语无伦次、没有逻辑，丝毫不能引起用户的共鸣，更没有艺术性可言，那么这样的主播能够吸引用户、促成交易吗？答案必然是否定的。

可以肯定的是，在现实生活中，并不是每个人天生就具有很强的语言表达能力，但是这一能力可以通过后天的训练去培养，尤其是在人们习惯于打字交流，口头表达能力不断弱化的今天，语言表达能力变得尤其重要。所以卖货主播要不断培养自己的语言表达能力，而这种能力，只能从锻炼和模仿中得来。

从这个角度来说，反复研究其他优秀卖货主播的直播话术，学习和积累更多直播产品的知识，是每个卖货主播都需要努力的方向。

表现能力

前面提到的语言表达能力其实就属于表现能力中的一种，但语言表达能力不能完全代表表现能力。这里的表现能力，主要是指表现商品的能力，是如何让商品更抓人眼球的能力。经常观看直播的朋友应该会发现，有时候，即便是对同一款商品进行介绍，不同主播表现的方式也大相径庭。如此，商品的成交率也会有很大差别。

影响主播表现能力的因素有很多，既包括灯光、背景、设备等硬件设施以及卖货主播的直播风格等主观因素，也包括卖货主播自身的职业素养。卖货主播提高表现能力的方法就是不断地观看自己的直播与他人的直播，找出有待提高之处，并加以改进。

学习能力

除了以上提到的三种能力外，卖货主播还必须具有较强的学习能力。

试想一下，你在看直播的时候，如果屏幕对面的主播只知道冷冰冰地、机械性地介绍产品，你是不是也会失去购买的欲望？相反，如果这个主播找到了和你之间的共同话题，那么你是不是也会更愿意亲近他，信任他，继而买他的产品呢？

在前文中，我已经强调过，从本质上来说，卖货直播实际是一场"人与人之间的对话"，是让用户为"交流感"和"参与感"买单的一个过程。而在这个过程中，主播找到与用户之间的共同话题就变得至关重要。

那么如何去寻找和用户间的共同话题呢？这就需要主播平时多学习、多积累，不断拓宽自己的知识面。当主播做到了上知天文地理，下知风土人情时，用户抛出的任何话题，相信主播都能轻松接住。这也是如今我要求所有的主播必须重视学习，多了解最近发生的大事以及及时获取行业资讯的原因。

总之,淘宝直播并不是完全拼颜值的行业,它更看重的是主播的专业能力和综合实力,现实告诉我们,没有哪个头部主播是一蹴而就的,他们都是通过一步步的学习,一步步的调整,一步步的提升,最终成为带货王的。

如果未来你也想进入直播行业,成为一名优秀的主播,那么从现在开始,你就要好好打磨自己。在后面的章节中,我将为大家详细介绍从"小白"蜕变为"腿部主播",从"腿部主播"成为"腰部主播",从"腰部主播"进阶为"头部主播"的直播实战技巧,大家拭目以待。

直播卖货的挑战和未来

在前文中,我已经从宏观的角度为大家分析了直播卖货对电商和新零售的冲击与改变,并明确指出了加入直播卖货的最佳时机是现在,同时,分析了卖货主播、秀场主播与娱乐主播的根本性区别。从中我们不难看出,在 2019 年,直播卖货的确带来了整个直播行业和整个电商、零售行业的狂欢。

然而,狂欢过后,我们更需要回归理性。因为只有理性,才能带来更大的狂欢。

纵观历史,不难发现,每一个新风口的出现,都会带来新的机遇,也不可避免地带来新的挑战。作为想要搭乘直播卖货流量快车的电商和主播,要想更好地拥抱卖货直播,并持续地享受卖货直播的红利，就必须站在全局的高度，直面卖货直播可能带来的挑战，分析和预测卖货直播的未来。

接下来，我将和大家聊一聊直播卖货面临的挑战和未来发展的趋势。

挑战

结合我自己经营和管理的实际经验，以及我对直播卖货的思考与总结，我认为目前卖货直播主要面临着以下五大挑战。

直播门槛越来越高

2019年11月1日，国家新闻出版广电总局发布《关于加强"双11"期间网络视听电子商务直播节目和广告节目管理的通知》，围绕进一步加强网络视听电子商务直播节目和广告节目管理提出了：坚持正确导向，强化节目管理；规范服务内容，维护群众利益；加大公益广告播出力度；服务国家大局，助力脱贫攻坚；加强监督管理，营造良好环境。规定要求包括各网络视听节目服务机构："要坚守底线红线，节目中不得包含低俗、庸俗、媚俗的情节或镜头，严禁丑闻劣迹者发声出镜。网络视听电子商务直播节目和广告节目用语要文明、规范，不得夸大其词，不得欺诈和误导消费者。"

事实上，自2016年以来，国家已密集出台多个政策，先后对直播人员资质、直播内容等做了规定、细化和优化。这些政策的相继出台，一方面，让直播卖货市场变得更规范、更合理；另一方面，提高了直播卖货的准入门槛。

卖货主播的个人影响力难以为继

品牌会老化,用户的关注点和注意力会转移,年轻的消费者会被新的内容、新的事物、新的人吸引,而这些恐怕是每个行业的KOL都会面临的挑战,主播也不例外。

过去,在直播卖货方兴未艾之际,冲在直播卖货阵地最前面、带货能力最强、个人影响力最大的正是那一批以薇娅、李佳琦为代表的头部主播。而在未来,随着直播卖货的火爆和普及,直播卖货的局面可能会从"几家独大"到"百花齐放",用户的选择多了,关注点自然就会分散,用户的关注点一旦分散了,卖货主播的个人影响力将难以为继。

当然,导致主播的个人影响力难以为继的原因远不止这一点,比如,随着卖货主播形象和风格的固化,用户势必会对主播形成标签化印象,从而导致用户产生审美疲劳;卖货主播的专业性受到质疑等,都是导致主播的个人影响力难以为继的关键因素。

产品质量堪忧,退货率高

目前,直播卖货面临的第三大挑战便是产品质量和退货率问题。

如今,当打开卖货直播时,我们会发现"28元的项链""9.9元包邮的缅甸翡翠原石""39元的毛衣"比比皆是,价格之低廉,让人不敢相信。之所以会产生这样夸张的低价,我们还要从直播卖货的底层逻辑说起。

前面在分析直播卖货的优势时,我强调过,直播卖货火爆的原因之一,便是它抓住了消费者的消费"软肋",即能够提供"物美价廉"的产品。然而，在实际的运用中，许多商家夸大了"低价引流是永不过时的金科玉律"这一概念，大打"价格战"，试图用不切实际的夸张低价，去冲销量、赚利润。这样的操作方式，也势必会带来两大结果：一是产品的品质大打折扣，二是退货率居高不下。

熟悉卖货直播的人都知道，卖货主播也分很多类型。有的卖货主播是工厂的老板或老板娘，比如快手的许多主播都有自家工厂做支撑；而更多的主播是和MCN（多渠道网络服务）或公会合作的，这些主播一般不会参与合作品牌的运营和管理，因此，他们无法把控货源的品质和售后服务的质量。

然而，尽管卖货主播只参与了前端的销售环节，但由于产品是从主播的直播间卖出去的，产品的消费群体中大多是主播自己的粉丝，一旦产品的质量出现问题，或者产品的退货率过高，主播还是会受到牵连，甚至会引发个人信任危机，2019年下半年李佳琦的"不粘锅翻车事件"，就是最好的证明。

如何去应对这种挑战呢？我认为有三个关键点：一是主播在挑选货品时，一定要更慎重，同时要提高职业素养和职业道德；二是商家要洁身自好，遵守游戏规则；三是直播平台要有所作为，做出相应的干涉。比如，2019年9月30日，有赞快手项目组就发布了公告，针对成交订单产生投诉、售后维权比例较高（近30天退款率高于10%或维权率高于3%）的商家，快手将会做出限售的处罚。

主播难以玩转所有的直播平台

如今，直播卖货的主流平台有淘宝、抖音、快手和微信，这四大平台成了各大头部主播的流量快车。我们如果认真分析一下目前在各平台上活跃的主播，就会发现：淘宝直播有薇娅、李佳琦，抖音有牛肉哥，快手有散打哥，而这些头部主播中的任意一个，都无法做到玩转所有的直播平台。

这是因为，尽管如今许多的直播平台已经做到直播和商品之间的无缝衔接，用户之间也多有重合，但平台属性和社区文化依然决定了平台之间存在着天然细分。比如，快手偏三线和四线城市，抖音偏一线和二线城市，这就造成了直播主播对单个平台的依赖程度不断增加，无法做到在所有直播平台上游刃有余。这是目前直播卖货面临的又一大挑战。

欠缺好内容

在2019年的淘宝直播盛典上，淘宝内容电商事业部总经理闻仲曾这样定义"好直播"：内容力+商品力=好直播。

这也就意味着，成功的直播，一定离不开好内容的加持。然而目前，相比于其他营销方式，比如短视频营销，直播卖货依然缺少"好内容"的支撑。

所以，我们会看到，在一场直播中，主播向用户展示的，可能永远都是产品质量、工艺材质、独特技术、促销最低价"老四样"，不可否认的是，这些内容对用户而言，的确是他们想获取的信息，但除此之外，用户可能想从直播中获取更多，比如：使用体验，多款产品横向评测，日常穿搭建议，甚至是主播讲述产品的品牌故事，分享一首歌或朗读一首诗等。

所以未来，如何去丰富自己的直播内容，让自己的直播变得更有趣、更有料，也是主播面临的挑战之一。

未来

在前文中，我谈到了直播卖货目前正面临的五大挑战。尽管对于任何现象的出现，过分乐观和盲目自信都是不可取的，但我们可以肯定的是，目前直播依然是最好的风口。尤其是随着 5G 时代的到来，高速率、低时延、大容量和低功耗将让人与人之间、人与屏幕之间的距离进一步缩小，这对直播卖货的未来发展而言，无疑是最大的推动力量之一。

我认为，未来，直播卖货的发展将会呈现出以下四大趋势。

趋势一：带货品类延伸，带货空间不断延展

以淘宝直播为例，目前，淘宝直播的产品类别集中在服饰、美妆个护、零食、母婴、家居、小家电、农产品、玩具、生鲜等方面。未来，淘宝带货的品类将进一步延伸，包括家禽、电影票甚至是汽车、房子等大宗商品也将加入战局（有的已经加入），成为直播卖货的选项。

甚至，我们可以大胆预测，未来，凡是能挂上网店的东西，都有可能出现在直播间中。

趋势二：明星走下红毯，进入直播间

2019 年 4 月，王祖蓝在快手玩起了直播卖货，12 分钟便销售了进口品牌面膜 10 万件，成交额高达 660 万元；三个月后，郭富城联手快手主播辛巴，创造了 110 万人观看、5 秒售空 5 万件限量商品、销售额高达 400 万元的带货佳绩；再三个月后，宝沃邀请演员雷佳音、淘宝主播陈洁 Kiki 和快手网红"手工耿"组成"带货联盟",在三个半小时的直播中,共卖出了 1 623 台新车……

这些案例告诉我们,在过去的 2019 年,明星走下红毯,走进直播间已经不再罕见,而成为一种常态,甚至包括李湘、刘涛在内的一些明星俨然已经将自己的"事业主战场"转移到了卖货直播间,成为直播间的常客。

可以预见的是,2020 年明星走进直播间的现象将更加风靡,而我之所以做出这种预测,主要是基于以下两点。

首先,卖货直播间如今俨然已经成了最大的流量池,占据了用户大部分的注意力,它对增加明星曝光度和话题度而言是绝佳契机。并且,通过直播间,明星还可以和粉丝进行有效的互动,让粉丝见识到明星不曾被发现的另一面,这对于增强粉丝黏性非常有帮助。

其次,直播卖货的卖货能力也是毋庸置疑的,前面我们举了很多案例证明这一点,明星走进直播间,成了创收的一个绝佳渠道。

总之,借助直播卖货,明星既能获"名",又能得"利",何乐而不为呢?

趋势三:素人带货现象频现,新生力量不容小觑

在自媒体时代,每个人都可以直播,只要你足够有趣、足够有特色、足够吸引人,很快就能聚集众多粉丝。所以直播带货不再是"网红"或者"明星"的专利,更多的"素人"开始拥有强劲的带货能力。例如"散打哥""松茸西施""小佛爷"等都是之前并不擅长直播的"素人",如今却能够通过直播卖出大量货品。

2019年8月，淘宝推出"淘宝神人"活动，宣布将持续三年投入5亿元，全面打造淘宝神人IP①，进一步挖掘能够带货的素人；蘑菇街近期发布了"2019蘑菇街直播双百计划"，帮助新主播100天内完成0元到百万元单场销售额的突破，并计划在2019年度内成功孵化100个销售额破千万元的优质主播。

这些电商平台的政策无一不是在告诉我们，素人直播将逐渐发展壮大，成为趋势。

趋势四：内容为王，从电商直播到内容直播

在上面提到的"淘宝神人"活动中，淘宝直播负责人还提出了这样一个观点：淘宝直播不仅要推货，也要开始塑造有内容的人，让交易市场内容化，融入更多人和人之间的交流，增强可看性和温度。同时，淘宝直播也在不断构建良好的直播电商产业的生态圈，给予基地店铺资源扶持，对接主播和优质货源，使得人、货、场全面匹配。这就从侧面反映出电商直播开始向内容直播转变。

当5G时代来临，5G网络覆盖整个中国时，直播的形式、设备和侧重点，将会变得更加不同。比如用户在观看美妆直播时，主播可能会通过各种途径，让用户享受"试妆"待遇，让其充分地挑选适合自己的产品。

这些外在形式的改变，实际上也是直播内容的改变，是直播内容的表现方式。在品牌和消费者都更为理性投入的今天，直播电商和主播要想从这个领域看到"真金白银"，分得一杯羹，就必须拿

---

① IP，网络用语，指个人对某种成果的占有权，在互联网时代，它可以指一个符号、一种价值观、一个共同特征的群体、一部自带流量的内容。——编者注

出"真材实料",让用户看到内容。

总而言之,目前无论是电商直播平台还是电商、主播,都在进行各方面的优化升级,对此,我们要抱有充分的期待。未来直播行业的发展,势必会维持稳中有升的趋势。

第 2 章

微信直播：人人皆可播的私域直播新平台

作为微信刚刚释放的新能力，微信直播对大多数主播而言或许依然保持着一丝神秘感，但是其带来的增长以及背后的发展趋势是不容忽视的。可以预测的是，未来，凭借着天然的信任屏障和优质的私域流量，微信直播将进一步瓦解淘宝、快手、抖音直播"三足鼎立"的局面，成为新的卖货直播风口。

错失了第一波直播，直接切入微信直播

2019 年 3 月，腾讯直播开放内测，以定向邀请的方式对少数微信公众号主开放了直播权限。4 月，腾讯直播开始在小范围内进行公测，微信公众号"女神进化论"和"Alex 大叔"在 4 月 21 日进行了卖货直播的首次尝试。

这种用户通过微信小程序进入直播间观看直播，再通过小程序商城链接购买商品的直播卖货模式首战告捷，取得了在一小时的直

播中得到 4 212 人订阅，同时观看人数达 1 363 人，完整观看人数占总人数的 28%，小程序店铺的下单转化率 48.5% 的好成绩。

2020 年 2 月 28 日，微信官宣了程序直播能力启动公测，致力于帮助更多商家打造线上经营闭环，完成快速转型，推动品牌生意增长。

由此，微信直播正式拉开序幕，在过去很长一段时间里始终保持着稳固地位的淘宝、快手、抖音带货直播"三国"平分"天下"的局面面临着土崩瓦解。

微信直播究竟应该如何进行呢？本节，我们就来了解一下微信直播带货的两种主要方式：腾讯看点直播和微信小程序直播。

腾讯看点直播

2019 年 12 月 16 日，腾讯"聚势，大有可为"看点直播合作者大会在深圳召开，这也标志着微信正式进入了直播卖货领域。在这次大会上，看点直播推出了颇具野心的"引力播"计划：希望在 2020 年内助力微信平台上 10 万商家更好地获取用户、完成商业变现，并扶持超过 1 000 个商家通过直播电商模式突破 1 000 万元的年成交额。

野心勃勃的腾讯看点直播究竟是"何方神圣"，它又是如何实现微信直播带货功能的呢？

简单来说，腾讯看点直播就是由腾讯直播 App 和看点直播小程序组成的直播平台，其中，腾讯直播 App 是开播端，看点直播小程序是微信内部的观看端。在需要直播的主播点开了腾讯直播 App 后，腾讯直播 App 中就会生成一个小程序码，在主播将这个小程序码推送给相关的微信用户后，用户通过该小程序码就可以直接进入直播间观看直播，与主播进行互动。

归纳起来，腾讯看点直播权限的开通只需要通过简单的三个步骤即可（如图 2-1 所示）。

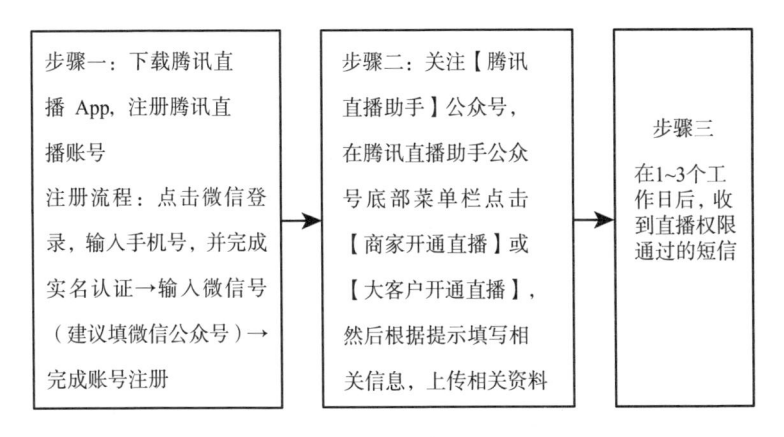

步骤一：下载腾讯直播 App，注册腾讯直播账号 注册流程：点击微信登录，输入手机号，并完成实名认证→输入微信号（建议填微信公众号）→完成账号注册	步骤二：关注【腾讯直播助手】公众号，在腾讯直播助手公众号底部菜单栏点击【商家开通直播】或【大客户开通直播】，然后根据提示填写相关信息，上传相关资料	步骤三 在1~3个工作日后，收到直播权限通过的短信

图 2-1　腾讯看点直播的开通步骤

在图 2-1 的步骤二中，我提到了"商家开通直播""大客户开通直播"两个选项，这两个选项分别针对不同的直播群体：

商家开通直播：单个商家，最多能申请三个直播账号，在申请时其需要提交营业执照、法人身份证、关注人数不少于 500 的公众号或微信群粉丝截图。

大客户开通直播：需满足拥有不少于 50 个线下实体门店集群或连锁商铺，且拥有齐全的企业资质和法人身份、线下实体门店等。

这里需要注意的是,对腾讯看点直播而言,一个身份证最多可绑定两个直播账号,此外,在申请腾讯看点直播权限时,商家还需要支付每半年 599 元的官方技术费用。

微信小程序直播

微信小程序直播是微信在 2020 年 2 月 28 日"新鲜出炉"的直播方式,它也是微信官方提供的商家经营工具和原生直播能力。商家可以通过直播组件在小程序中实现直播带货,微信用户则可以在小程序内观看直播。

目前,微信小程序支持多种接入模式(如图 2-2 所示)。

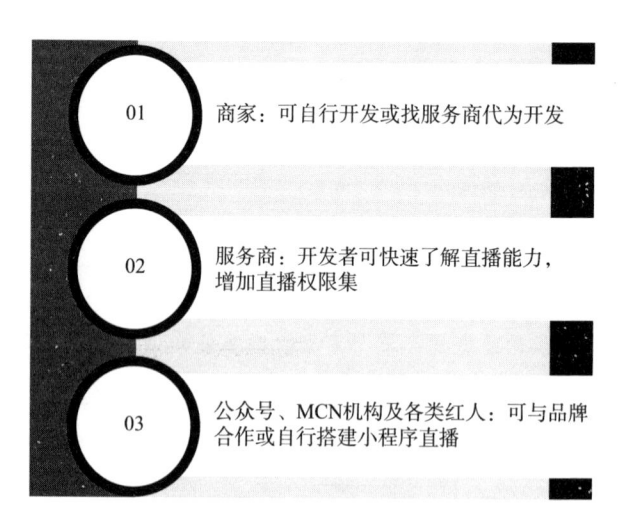

01 商家:可自行开发或找服务商代为开发

02 服务商:开发者可快速了解直播能力,增加直播权限集

03 公众号、MCN机构及各类红人:可与品牌合作或自行搭建小程序直播

图 2-2 微信小程序支持的接入模式

目前，微信小程序直播只接受系统邀请，根据要求，商家只要同时满足了以下列出的条件一、条件二、条件三，并任意满足条件四、条件五、条件六中的一条，就有机会被邀请到小程序直播公测中来：

条件一：满足小程序18个开放类目。

条件二：主体下小程序近半年没有严重违规。

条件三：小程序近90天存在支付行为。

条件四：主体下公众号累计粉丝数不少于100。

条件五：主体下小程序连续7日日活跃用户数不少于100。

条件六：主体在微信生态内近一年广告投放实际消耗金额不少于10 000元。

其中，小程序的18个开放类目分别为：电商平台、商家自营、百货、食品、初级食用农产品、酒/盐、图书报刊/音像/影视/游戏/动漫、汽车/其他交通工具的配件、服装/鞋/箱包、玩具/母婴用品（不含食品）、家电/数码/手机、美妆/洗护、珠宝/饰品/眼镜/钟表、运动/户外、乐器、鲜花/园艺/工艺品、家居/家饰/家纺、汽车内饰/外饰、办公/文具、机械/电子器件。

以上便是开通微信小程序直播的六大条件。有人曾预言：未来的一切生意都将由社交来连接，人在哪里，财富就在哪里，人在哪里，生意就在哪里。而凭借着优质流量池和天然社交屏障，未来，微信直播也必将成为重要的生意场和财富聚集地。

腾讯看点直播还是微信小程序直播

在国内，只要是智能手机，微信的安装率几乎是100%，《2018微信年度数据报告》显示，目前，我国每天大约有10.1亿个用户使用微信。微信作为一个巨大的流量池，理论上，只要你乘上了微信直播这趟快车，你就可以通过自己微信里现有的好友和群好友，来连接10亿多个微信用户。

这也就意味着，对那些想加入卖货直播队伍却感觉为时已晚的商家与个人而言，微信直播功能的全线开通无疑是最大的好消息，如果错失了第一波直播，那么你可以直接切入微信直播。

在前文中，我已经分别为大家介绍了腾讯看点直播和微信小程序直播这两种不同的直播方式，那么作为主播，在这两种直播方式中，你又该如何抉择呢？

在回答这一问题前，我们不妨先了解一下这两种直播方式的优势与不足。

腾讯看点直播的优势与不足

腾讯看点直播的优点主要体现在4个方面：

1. 支持从直播间直接跳转到商家自有小程序、微店和京东三种方式。

2. 在开播前，主播可创建附带小程序二维码的直播预告海报，发送到好友、微信群、朋友圈等渠道进行预热和宣传，用户扫码即可"订阅"该直播活动。

3. 可以为用户推送"看点直播小程序"的开播提醒，通过点击提醒消息，用户可直接进入主播的直播间观看。

4. 在直播过程中，用户可转发直播链接或海报进行二次传播。

总之，腾讯看点直播能够用到腾讯系的流量进行推广，在帮助主播获得自己私域外的流量方面具有积极意义，但它并不是十全十美的，其最大的缺点在于用户在腾讯看点直播购物时需要跳转到商城。用更通俗的话解释就是需要从一个小程序，跳转到另一个小程序，不够方便。此外，在前面我已经提到过，开通腾讯看点直播还需要支付一定的费用。

微信小程序直播的优势与不足

作为微信团队在 2020 年 2 月刚刚释放的新能力，微信小程序直播对大多数主播而言依然保持着一丝神秘感，但是其带来的增长以及背后的发展趋势是不容忽视的。归纳起来，微信小程序的优势主要体现在以下几点。

玩法多变

微信直播小程序在正式上线后，随着各大品牌的迅速入局，其也呈现了多种直播模式和不同玩法。例如，"网红+品牌小程序直播""明星+品牌小程序直播""导购员+品牌小程序直播""商业综合百货+品牌+小程序直播""线下商超售货员小程序直播带货"等。

实现营销闭环，流量属于商家

用户在微信小程序直播中的所有访问、互动及交易均在商家自有的微信小程序内完成，无须跳转 App 以及其他小程序，完美实现了营销闭环。

相应地，由直播带来的所有流量，也都会沉淀在商家自有的小程序中，这对品牌和商家的长期运营具有积极的促进作用。

低门槛、快运营

微信小程序直播的门槛并不高，根据目前掌握的信息可知，只要品牌或商家满足了我在前文中提到的申请条件，均有机会获得直播邀请，未来，随着微信直播小程序的进一步发展、成熟和普及，相信品牌或商家的进入方式还会变得更简单、更方便。

在获得直播"许可证"后，微信直播小程序的运营也很容易上手。通常，在接到直播邀请后，品牌或商家便可以在自有小程序上进行直播了，同时，品牌或商家还可使用小程序直播组件自带的一系列功能，目前只有小程序以及小程序直播组件自带的功能可以在一天内完成开发。

互动性强，转化率高

微信小程序直播支持展示商品、点赞、评论、抽奖、优惠券、购买、数据展示、分享给好友等多项功能，并最大化地融入了微信本身的社交和内容生态。

比如，小程序直播支持直播间的订阅，可一键分享到微信聊天，方便朋友及社群粉丝访问，还可以通过公众号为直播间引流，这些互动毫无疑问都可以有效提高直播的转化率。

此外，根据微信的官方预告，未来，小程序直播还将继续进行功能升级，以进一步提高直播本身的互动能力和带货能力。

根据目前已知的信息,我们可以预测未来小程序直播的"能力加码"主要体现在以下 4 个方面(如图 2-3 所示)。

01 订阅能力升级,用户只需订阅一次,即可接收后期的开播通知

02 上线官方优惠券能力,支持更便利的优惠券下发

03 支持快速回看功能

04 增加小程序直播在微信内的展示空间,让优质的直播内容更好地被用户发现

图 2-3 未来小程序直播的"能力加码"

当然,和腾讯看点直播一样,微信小程序直播也有弱点:腾讯直播工具与插件的定位以及微信生态的去中心化,决定了商家需要更多地依靠自身的流量与圈层。

不妨抓住微信小程序直播风口

以上我们分别分析了腾讯看点直播和微信小程序直播这两种不同的直播方式的优缺点,在此基础上,我们再来讨论在这两种直播方式中应该如何抉择似乎就变得更理性了。事实上,关于究竟哪种直播方式更值得选择其实并没有定论,我的建议是:在充分了解两种直播方式优缺点的基础上,根据自己的实际情况做出选择。

不过,站在我个人的角度,我更倾向于微信小程序直播。毕竟,微信小程序作为一种刚刚推出的、全新的直播方式,直播之风才刚刚刮起,对想从事直播行业的主播来说,这无疑是最好的风口。如何更好地抓住并拥抱这个风口,是值得所有有志于在直播行业大有一番作为的主播共同思考的问题。

"女神节",押宝微信小程序直播

相信通过前文的学习,你一定对微信直播卖货有了更深刻的了解并且跃跃欲试想尝试这一刚刚推出不久、极可能成为未来直播流量高地的直播模式。不过,在正式加入微信直播进行卖货之前,你或许还会有这样的顾虑:微信直播效果究竟好不好呢?观看流量多不多呢?卖货能力强不强呢?

本节,我就将以微信小程序在横空出世后策划的第一个"大事件"——3月8日"女神节"入手,向大家展示一下微信直播的火爆程度和卖货能力。

微信小程序直播借势"女神节"

如果我们稍微研究一下电商的赚钱"套路",就会发现包括三八、国庆等在内的节假日都是商家最常选择的营销节点。

应该说,2020年的"女神节"本身就有些特殊:一方面,受疫情的影响,实体店销售依然不甚理想;另一方面,由于疫情暴发而错失了春节营销旺季的商家,为了提升一季度业绩,自然对作为消费节点的"女神节"寄予厚望。

在这样的背景下,新鲜出炉的微信小程序直播无疑成了一场

"及时雨",众多品牌商家纷纷走进微信直播间,试图借助微信直播寻找新的营销契机。

我们可以看到,在"女神节"到来的前一天晚上,主打农产品的电商平台"搜农坊"就已经携手"蓝河"羊奶粉、"大虾驾到"小龙虾、"牛壮壮"水果麦片等多个商家"吃了螃蟹",在微信小程序上进行了首次联名直播。

数据显示,在当晚的直播中,有超过35万人次观看、点赞达70.6万次,直播开始一小时,销量6万单,销售额96.5万元,其中4款单品更是出现爆仓。这场小程序直播,也为十几个小时后的"女神节"直播主场开了个好头。

"女神节"当天,包括 Urban Revivo、阿迪达斯、拉夏贝尔、热风、eifini 伊芙丽、妍丽、MM 麦檬等在内的近千个品牌齐聚微信,尝试使用小程序直播卖货。这些品牌,覆盖了零售百货、女装、美妆护肤、家纺、运动等多个类目。

根据微信官方在3月10日发布的"女神节"微信小程序直播战报,我们不难看出,此次"女神节"直播活动主要呈现出了以下四大特征。

筹备快

在此次参与直播的品牌中,有近20%的商家从开通权限到正式开播只用了不到一天的时间,七匹狼、薇诺娜、步步高等品牌更是在获得权限当天立即正式开播。

由此可见,微信小程序直播所需的筹备时间非常短,这无疑也是微信小程序直播的又一大有利优势。

全民皆可播

数据显示,3月8日当天,共有2 000个主播累计直播时长近900个小时。与其他直播平台不同的是,参与直播的主播涵盖了导购、彩妆师、服装模特、总裁、设计师、网红等多个行业和职业,充分体现了微信小程序直播"全民皆可播"的直播特色。

玩法多变

在3月8日的直播中,品牌和商家"各显神通",积极尝试了许多直播新鲜玩法,比如抽奖、优惠券、满减赠送、新品秒杀、点赞评论互动、导购群传播、好友分享、朋友圈广告、搜一搜品牌专区等,这些充分利用并结合了微信社交优势的直播玩法在帮助商家实现全方位触达客户方面产生了积极的作用。

互动频繁,带货能力强

数据显示,在3月8日的直播中,每个用户平均点赞数达280次,分享次数最高的直播间达到20 000次,最快下单时间为1秒,来自维达和网易严选小程序直播间。

高频次的互动,也为品牌和商家带来了高销量。在此次直播中,部分品牌的订单量增长了近12倍,还有的品牌单日销售额突破了2 000万元大关。

其中,通过小程序直播"野兽派"成交总额增长94%;服饰品牌ochirly成交总额环比增长160%,直播期间订单量增长近12倍;伊芙丽销售额环比提升65%,由直播带动的小程序交易笔数环比上涨184%;生活用品品牌全棉时代直播销售额对比前一场提升了500%;家纺品牌罗莱家纺单场交易额突破1 000万元;美妆护肤品牌薇诺娜交易转化率达到了10%；悦诗风吟直播销售额对比前一场增长了173%；汉光百货成交总额突破百万元，知名大牌单场直播客单价突破3 300元；同属百货行业的步步高日销售额突破2 000万元大关……

由此不难看出，借势"女神节"，微信小程序直播的带货能力正在得到进一步验证和释放。相信这份耀眼的成绩单，也一定可以给想加入直播卖货的你更多信心。

微信直播的往日亮眼成绩

看到这些，或许你还会进一步追问："女神节"的卖货成绩是不是一次偶然事件呢？

为了解开这一疑惑，接下来，我将以表格的形式为大家总结、梳理自微信小程序直播权限开通以来的一些颇具代表性的直播事件，进一步向大家展示微信直播的魅力，如表2-1所示。

表2-1 微信直播案例

品牌/商家	直播时间	直播成绩
汉光百货（百货）	2020年2月底	平均每场观看人次过万，线上销售额单品牌单日增幅300%
维格娜丝（服装）	2020年2月26日	单场观看人次超过12万，互动点赞74万次。短短两个半小时的直播创造了破百万元的交易额，平均客单价2 500元，最高单件成交价格超过8 700元
步步高（百货）	2020年2月26日	首播30分钟销售突破40万元，直播上线首场点击转化率15.3%

续表

品牌／商家	直播时间	直播成绩
快鱼（服饰）	2020 年 2 月 5 日	收获了近 20 万观看人数，促成了超过 50 万元的成交额。次日，成交额直接增长到 130 万元
爱客（时尚）	2019 年 11 月	创下了 113.5 万元的销售额，其中，有近 20 万元的销售额，是由新用户完成的

以上，我总结了一些颇具代表性的微信直播案例，其实，不管是前文中提到的"女神节"微信直播事件，还是上述表格中罗列的微信直播案例，无疑都向我们传递了这样一个信息：提供了更优质的线上购物体验，满足了用户"云逛街"多元需求的微信直播具有极强的私域属性，它对于进一步提高品牌销售能力，促进消费回补，激发品牌潜力，确实是一大助力。

在看到了微信直播的强大潜力后，越来越多的品牌、商家开始布局微信直播，试图借助微信这个优质的私域流量工具，实现流量、销售额的双双暴涨。所以，错过了第一波直播红利的你，不妨抓住这个千载难逢的风口和机遇。

第二部分

21天扫盲
从"小白"蜕变为"腿部主播"

第 3 章

第 1~7 天 开播筹备：第一次直播卖货需要准备的 5 样东西

卖货直播先驱赚得盆满钵满，直播自然受到了不少人的追捧。很多人开始投身于电商直播，想从中大捞一笔。但卖货直播说起来简单，做起来难，尤其是对零基础的"小白"来说，贸然进军直播行业，无异于羊入虎口。如果想要真正进入卖货直播，并在直播中驰骋疆场，你就必须找到自己的"疆场"，确定合适的"驰骋模式"，做好充足的开播准备。

准备一：必备的心态

作为一个还没有任何卖货直播实战经验的"小白"，第一次做直播，相信多少都会感到不知所措。对于直播卖货，许多人的看法或许很简单，他们认为只要有网络、有手机就能进行直播。事实上，直播卖货看似简单，做起来并不容易，里面的门道非常多。在正式踏上直播之路前，作为"小白"，你需要做好充足的准备。其中，第一项准备就是心态的准备。

良好的心态是直播成功的基石

良好的心态对于直播卖货究竟有多重要呢？或许，我们可以从拿破仑·希尔的这段话中找到答案："人与人之间只有很小的差异，但这种很小的差异往往造成了巨大的差异！很小的差异就是一个人的心态是积极的还是消极的，巨大的差异就是成功与失败。"

直播卖货作为一个充满挑战也充满无限可能的行业，其准入门槛并不高，但若想在这个行业里做出成绩，成为"腰部主播"甚至"头部主播"，除了要能够"努力到无能为力，拼搏到感动自己"外，还需要拥有良好的心态，不惧失败，敢于奋斗，行动果决。当然，并不是说拥有了良好心态的主播就一定能成为"头部主播"，但心态不好的主播必定无法成为"头部主播"。

在现实生活中，因为工作的关系，我曾和许多主播有过密切的接触。根据我的观察，凡是那些最终能在直播卖货的道路上走得很远的主播，往往都具有非常好的心态。

据此，我也总结出来一个重要结论：在加入直播卖货队伍之前，主播首先一定要调整好自己的心态，因为心态的好坏，往往决定了直播的好坏。我的团队在招募新主播时，也把心态的好坏作为重要的衡量标准之一。

总之，良好的心态是直播成功的基石，不同的心态，决定了不同的直播结果。如果你想在直播的世界里纵横驰骋，成为像李佳琦、薇娅一样令人艳羡的"头部主播",那么从现在开始,你就应该拒绝消极情绪,摆正心态。要么你去驾驭直播,要么任由直播驾驭你,总之,你的心态决定了谁是坐骑,谁是骑师。

卖货主播必备的两种心态

具体来说,在开始直播前,主播应该具备以下两种心态。

勤奋、肯吃苦的心态

不论是商家要培养自己的主播,还是作为个人想要尝试主播,"勤奋、肯吃苦"一定都是摆在第一位的。在这个世界上,不管哪个行业,都没有随随便便的成功,直播更是如此。

如今,当我们羡慕那些带货能力强、在镜头前光鲜亮丽的"头部主播"时,我们却没有看到他们为了准备一场直播付出的汗水与努力。应该说,所有的"头部主播",其实都是一步步苦过来的。我们如果回头再去看一些带货能力超强的头部主播最早期的直播回放,就会发现,他们中的许多人在最初的时候,可能直播上10个小时,也只有两三百人观看,这种辛酸不能吃苦的人是根本坚持不了的。

在竞争异常激烈的当下,主播即便已经取得了一些不错的成绩,往往也不敢松懈下来,而会选择一如既往地勤奋努力,甚至是更加勤奋努力。

所以,如果你打算进军直播,并且抱着在卖货直播界大干一场的信念,那么你要做的第一个心态准备,就是勤奋、肯吃苦的准备。

自信

在销售界有这样一句名言:"世界上没有卖不出去的产品,只有卖不出去产品的人。"从本质上来说,直播卖货也是销售的一种,那么要想通过直播成功把产品卖出去,自信的心态必不可少。

人们常说:"一流的销售卖自己,二流的销售卖服务,三流的销售卖产品,四流的销售卖价格。"虽然直播卖货能够取得成功的一个重要逻辑是它能够提供物美价廉的商品,但一个能真正带货的"头部主播",凭借的绝不仅仅是实惠的价格、优质的产品,更是其自信的心态和言行举止。

一个自信的主播,在直播的过程中,往往能够更好地把握直播的进程和节奏,并通过自身散发的自信去打动用户,让用户对价格、产品和品牌产生信服,进而引导用户签单。而一个缺乏自信的主播,会把这种不自信间接地传染给用户,让用户对产品、对价格甚至是对主播本身产生顾虑和怀疑,这样的主播,带货能力又从何而来呢?

稻盛和夫曾经说过:"改变你的心态,你人生的色彩才可以绚烂夺目。"把这句话运用到直播中,则应该变为:"调整你的心态,你的直播才可以更精彩。"都说"相由心生、境随心转",一个人的行动和心态,决定了他的精神面貌,而一个人的精神面貌又决定了他的工作状态,对卖货直播而言,这一点尤为突出。

所以,在正式踏进直播间之前,作为直播"小白"的你,不妨认真问一下自己:我足够勤奋吗?我愿意吃苦吗?我充分自信吗?

准备二：选择平台

在做好心态的准备后，接下来，作为第一次进行直播卖货的"小白"，你还要为自己选择一个合适的直播平台。

当直播的风口出现时，不仅做直播的"人"会追风，进行直播的平台也会"追风"。如今，许多App逐渐开通了直播功能，归纳起来，目前直播卖货势头最凶猛的平台主要有三家：淘宝、抖音、快手，并且这三大平台都实现了直播和商品之间的无缝衔接。

值得注意的是，作为后来居上者，2019年3月，微信公众号"女神进化论"也在腾讯直播发起内测直播，并取得了在一小时的直播中4 212人订阅、同时观看人数1 363人、完整观看人数占总人数的28%、小程序店铺的下单转化率高达48.5%的好成绩。2020年2月，微信正式推出了小程序直播。

可以预见的是，当凭借着能够天然解决信任问题的优势的微信直播带着大干一场的决心裹挟而来时，它一定会带着直播卖货走向新的流量高地并创造新的转化奇迹。因此，除了淘宝、抖音、快手三大直播平台外，如今，微信直播也应该纳入主播的战略布局。

关于微信直播的内容，我在前文已经做了详细的介绍，这里就不再赘述。接下来，我将带领大家共同了解一下打下了直播卖货界半壁江山的卖货"三国杀"——淘宝、抖音、快手，以便大家做出最后的选择。

淘宝直播

目前来看,淘宝直播无疑是风头最劲的直播模式,也是最受新手主播欢迎的直播模式。相关数据显示,2020年2月以来,新增的淘宝直播间数量翻了一番,淘宝直播开播场次也上涨了110%。为什么主播都偏爱淘宝直播呢?归根到底,这还是由淘宝直播具有的独特优势决定的。

淘宝的优势

归纳起来,淘宝直播主要具有以下几大优势。

即时性

淘宝直播的信息传达是面对面的,因此,只要主播引导得当,直播期间进来的流量就会产生相对不错的效果。

超强互动性

淘宝的主播扮演着线下导购的角色,主播可以通过淘宝直播平台解答用户的各类疑问,从而提升直播的转化率,比如,淘宝主播李佳琦之所以这么成功,就是因为他在直播过程中能够很好地跟用户互动。

获取渠道多

智能手机、平板电脑、台式电脑等设备都能实时在线播放淘宝直播的内容。

直播品类多,受众广泛

在淘宝直播里,商品种类很多,从服装饰品到家用百货,可谓"应有尽有",因此,淘宝直播的受众是很广泛的。

淘宝直播的用户特征

淘宝的用户都分布在哪里？有什么特征呢？

2019 年，在"618"活动结束后，淘榜单联合淘宝直播发布的《天猫 618 淘宝直播消费者画像》显示，直播间的消费主力是 90 后，同时 00 后的实力也不可小觑。

其中，90 后与 00 后在直播间里购买的商品类型的前三名是美容护肤、女装和彩妆香水，60 后与 70 后的用户则更喜爱购买珠宝等。从购买区域来看，直播消费人数最多的是江苏、广东、浙江等沿海省份，虽然地域不同，但消费者喜爱购买的商品大致相同，大多是女士护肤、彩妆与女装。

除了一线和二线城市的消费者，三线及以下的小镇青年在直播间的购买力也很强。其中，六线城市的直播成交量与一线城市的直播成交量几乎持平。

通过这些画像，我们可以总结出淘宝直播用户以下几大特点。

- 以 25~35 岁的青年女性为主。
- 这部分用户群体有"三高"——高停留时长、高复购、高客单。
- 淘宝直播的用户群体主要消费品为服饰、美妆、食品生鲜、家居百货等。
- 观看淘宝直播并下单的用户呈年轻化趋势，主要以女性用户为主。

未来，淘宝的发展趋势也是非常乐观的。2020年1月13日，淘宝直播机构大会在杭州阿里巴巴的西溪园区如期举行，大会上，淘宝内容电商玄德说了这样一句话："淘宝直播将成为平台重要战略之一。"这意味着，淘宝直播这辆高速行驶的列车将会有更好的未来！

快手直播

依靠短视频发展起来的快手，在拥有了大量的用户群体后，其又找到了自己的发展方向：将互联网电商和互联网直播两个行业聚合到一起，通过不断优化，快手慢慢走上了直播电商的道路。

2019年，在与淘宝、京东合作后，快手里有接近1 600万个主播从直播中获利，比如，快手达人"散打哥"就曾取得了直播同时在线人数突破100万、三个小时带动5 000万元的销售额、一天带货1.6亿元的好成绩。

严格来说，快手直播电商"出世"的时间比淘宝直播还要更早一点，在2017年左右。这背后的主要原因还是快手官方简单粗暴的运营，在没有测试和试验的情况下，直接启动了直播卖货功能，帮助拥有众多粉丝的快手运营达人变现。

由此带来的另一个现象便是在快手直播卖货的主播中，卖得好的主播永远就那么几个，并且他们中的大部分都是在官方运营的扶持下火起来的，换句话说，这些达人的火爆靠的是平台的流量。

在快手做直播也很简单粗暴，主播的基本路数无非都是这样的：先养号，等粉丝到了5 000人，直接开直播，上架快手小店，开始卖低客单价的产品（价格在几十元左右的产品），然后再通过一些手段引导粉丝到微信，再卖货。

在用户群体方面，如果说淘宝直播的用户画像是三线和四线城市的宝妈、学生党，以女性人群为主，那么，快手的用户画像还要更下沉一点——以乡镇居民为主，而且直播品质要比淘宝直播低一些。在观看快手直播内容后，我们会发现快手里的内容大多是在反映社会基层的各种生活，专注农村居民并展现其真实生活的内容，内容偏粗俗和乡镇化。

虽然快手直播的内容品质较低，但是对于相应的用户群体来说，其平台还是具有如下一定优势的。

"普惠式"算法

快手创建之初，其团队就秉承着"内容公平分发以及让每一个普通人都被看见"的初衷，很多快手红人反映，在大多数平台上建立自己的用户流量池时，都没有快手上那种"用户是自己的"那种体验，获得有效沉淀和数据提升的机会较少。

这种现象的产生其实要与快手的"普惠式"算法联系在一起，这种算法给了很多做电商的商家或个人更大的流量与算法支持，不会让任何一个"小白"石沉大海。

也正是因为快手内容分发的算法逻辑和整体运营的思路，快手直播平台才拥有了超强的带货能力。

巨大的日活量

《2019快手内容生态报告》显示：截至2019年6月，快手的日活跃人数达到2亿，DAU（日活跃用户数量）较2017年，上涨了1亿。

在快手上，用户最爱购买的产品为美妆、农副产品、男女服饰、健身用品等。快手上的电商也收益颇多，比如2018年的丑苹果在快手上的销售额为3亿元，柿饼的销售额为2.7亿元，软籽石榴的销售额为3.3亿元。

由此可见，快手直播平台中巨大的日活量，可以帮助商家或个人赚得流量，并有效触达自己的目标用户。

"老铁经济"的内容信任

很多人将快手火爆的原因归结于其特有的"老铁经济"，之所以这样取名，是因为很多人都觉得快手像一位"老朋友"，虽然以前不认识，但在听它聊了几句后，用户就会觉得很是亲切，如果用户对有些东西感到喜欢与好奇，就会愿意继续听下去。

比如快手红人主播"保定府磊哥"，为了在快手上卖出自家产的瓜子和零食，他通过快手直播平台向用户讲述自己创业的艰辛历程，唤起了用户的同理心，搭建了品牌与用户之间信任的桥梁。

快手直播平台的内容，也正因为这种"老铁"情感的发酵，才能被运营得如此火爆。因此，快手直播是一个能将陌生人转变为老朋友的平台，基于这种"老铁经济"的信任关系，快手直播平台电商的带货转化率自然会提高。

抖音直播

抖音的带货能力是有目共睹的，薄饼锅、妖娆花音箱、手表遥控、奶油拍脸机、小猪佩奇三件套等一大批网红商品在抖音平台的带动下，掀起了购买热潮。2017年，在看到直播的巨大风口后，抖音也正式开通了直播功能。

借助本身具有的巨大流量,抖音直播带货的成绩也是非常亮眼的。比如,在 2020 年 2 月 11 日,抖音就发起了"线上不打烊"的活动,在抖音 3 亿流量的扶持下,不少线下商城、普通门店、销售人员纷纷加入抖音直播平台。其中,南京弘阳商业广场的两场直播的销售额分别为 8 万元和 75 万元,而株洲王府井百货更是在抖音直播中取得了 240 万元的销售成绩。

除了商家,个人主播的带货数据也表现亮眼,比如抖音主播"韩饭饭"在直播间带货美妆产品,7 天的总销售额达到 622.1 万元。

从用户群体的画像来看,抖音直播的用户群体和淘宝、快手直播平台又有不同,其用户主要集中在一线和二线城市,用户学历在大专以上,女性偏多,抖音直播的内容包装及表达更高明,专注城市,崇尚品质生活。

对想选择抖音平台的主播而言,抖音直播主要具有以下三大优势。

投入成本低

无论是商家还是个人,其在抖音直播上卖货的门槛都比较低,无须投入大量资金。只要开通带货权限,直播间里就可以添加购物车,这个功能和淘宝直播相同,用户只需要点击直播间里的购物车,就可以查看抖音主播带货的商品。

流量大,长尾效应大

虽然淘宝和快手的用户流量也很大,但就目前的情况来看,抖音还是具有一定优势的。

同时，与传统的直播相比，抖音直播并没有采取职业主播的秀场"套路"，让主播依靠刷礼物上榜，而是通过建立用户对抖音达人的认可来进行带货。因此，抖音直播带货是在内容之上衍生出来的购物需求，既体现商业化也体现社交化，这种模式对用户而言，是一种相对对等的沟通方式，对利用抖音直播卖货的主播而言，直播的长尾效应也会更大。

发展空间较大

抖音直播卖货当下的时机非常好，目前只有美妆这一个类别的用户比较多，其他品类的标杆主播还都没有出来，因此，不管是做账号还是赚钱，抖音平台中的机会都非常大。

同时，在 2020 年 3 月，抖音的语音直播功能也已经上线，这意味着主播可自行选择语音开播，无须另外申请开播权限。

在了解了以上三个平台和上文提到的微信直播平台后，大家可以根据自己的实际需求和偏好去选择直播平台。

准备三：打造人设

在直播初期，为了吸引观众眼球，积累人气，不少主播都会打造鲜明的人设，以求给观众留下深刻的印象。比如"人美歌甜的冯提莫"，"欢乐搞笑的吐槽积极分子 papi 酱"等。

如今，虽然直播已经升级换代，成了卖货主播的天下，但人设对直播来说依然非常重要。因此，在进行开播的筹备时，主播要做的第三项准备便是打造人设。

清晰的人设是直播的第一要素

在我家楼下,有许多早餐店,这些店里卖的早餐大同小异,都是些面条、包子、豆浆之类。我发现,在这些规模差不多的早餐店中,我常去的那家店生意特别好,每天都有人排队,别家则冷冷清清。

为什么会这样呢?是他家的早餐更好吃吗?

在分析了原因后,我发现其实这家早餐的味道和别家也没有多大差别,而我之所以爱去,只是因为老板人更亲切,我相信这也是大多数选择到这家早餐店买早餐的顾客的共同感受。

你发现了吗?在这个案例中,我之所以会成为老板的"粉丝",不过是因为他的人设。

直播卖货也是一样的道理,如今,在抖音、快手、腾讯和淘宝上,每天都有那么多人直播,那么多人卖货,用户凭什么关注你并购买你推销的产品呢?我想,这其中最重要的一个答案便是:你的直播能够吸引他们,作为主播的你,具有让他们喜欢的清晰的人设。

究竟什么是人设呢?简单来说,"人设"就是人物设定,而"打造人设"就是创造一个具有鲜明个性的人物的过程。

有人曾说,短视频运营是一场心智之战,作为短视频升级版本的直播更是如此。要想打赢这场没有硝烟的战争,你首先要给自己置办一套具有战斗力的装备。这个装备就是你的人设。从本质上来说,卖货直播其实就是一个"以人带货"的过程,在这个过程中,一个辨识度高、不会被轻易取代的人设,可以帮助主播形成独特的自我标签，让主播在很长一段时间内都很难被替代和复制。

在这一点上，直播卖货的领军人物——"口红一哥"李佳琦和"淘宝直播女王"薇娅就给我们做出了很好的示范。

案例分析：打造清晰的人设，快速吸粉

提到"OMG"，有多少人会和我一样立马联想到李佳琦呢？

作为主播，李佳琦为自己打造的人设是"小女生的男闺密"，他将自己的粉丝称为"所有女生""MM们"，他的口头禅是"OMG"，"好好看啧"，"买它"，"买它、买它、买它"。

这种清晰的人设，帮助他俘获了一大批女粉丝的"芳心"。在我身边，有许多李佳琦"忠粉"，就连我一向不爱看直播的表妹，近来都入了李佳琦的"坑"，而在提到自己的"入坑"原因时，她告诉我："觉得身边要是有个这样的男闺密真的挺好的。"看到了吗？这就是人设的魅力。

和李佳琦不同的是，薇娅的人设是"大女人的姐妹"，她管自己的粉丝叫"薇娅的女人"，在直播中，她会频繁地提及老公海峰和7岁的女儿，而在教粉丝装扮之余，她还跟粉丝分享自己人妻生活的经历。

许多看过她直播的粉丝都说，感觉她就像一个邻家的大姐。而她的这种人设，正是粉丝关注她、喜欢她的重要原因。

总之，不管是李佳琦，还是薇娅，他们之所以能把直播卖货做

得如此成功，人设功不可没。而他们的成功经验也告诉了我们：清晰的人设是直播的第一要素。

人设的打造要立足自身实际

人设，永远都是最有价值的，很多时候主播直播卖货卖的就是人设。那么主播应该如何去打造自己的人设呢？对此，我的建议是：人设的打造不能随心所欲，还要符合自身特征。

具体来说，你可以从以下几点着手，去打造自己的人设。

找到闪光点

每个人身上都有闪光点，这个闪光点便是别人喜欢你的主要原因。因此，在打造人设的时候，你可以从自己的闪光点入手。

比如，你是一个性格开朗、幽默的人，那么在直播的过程中，你可以充分发挥这种优势，把幽默设置成你的标签。

找到最擅长的事情

在打造人设的时候，你还可以从自己最擅长的事情入手。

比如，前面提到的"口红一哥"李佳琦，在做直播前，他是欧莱雅柜台的彩妆师，给别人推荐彩妆本身就是他十分擅长的事情，因此在打造自己的人设时，他就充分利用了自己的这一优势，成功打造了自己"比女生还会化妆"的形象，专业且有魅力。

找到适合的风格

打造人设的第三个切入点就是找到适合自己的风格，即你决定走的直播路线。在选择直播风格时，你一定要充分考虑自己的性格和整体给人的感觉。比如，在日常生活中，如果你是可爱类型的人,那么你在直播时就可以走可爱路线;如果你给人感觉很温暖、很善良,那么你可以走"知心朋友"的路线;如果你博学多才,那么你可以走专业的路线。总之,你选择的风格,一定要与你本身完美契合,切忌为了人设而虚构出某种形象。

最后我想强调的是,人设一旦确立,在直播的时候,你的一言一行就要尽力贴近人设。比如,薇娅将粉丝称为"薇娅的女人",在直播的过程中,她的言行举止都会表现出自己是如何"宠粉"的。

准备四:直播模式+直播预告

作为主播,在你拥有了必备的心态,选择了心仪的直播平台,定好了在直播中要打造的人设后,你的直播就可以真正进入实操阶段了。当然,在正式开启自己的直播卖货之旅之前,还有一个重要的准备动作不容忽视,那就是要确定直播模式并进行直播预告。

确定直播模式

所谓的直播卖货模式,简单来说,就是你要以什么方式去进行直播,用什么形式去展示和推销产品。

从本质上来说,决定一场直播成功与否主要有三大指标:一是玩法辨识度,即用户在进入直播间后明白直播间玩法以及流程的速度,速度越快,说明直播越成功;二是成交冲动性,即直播是否能激发用户的成交冲动,形成抢购的局面;三是内容可期待性,即直播的内容是被用户期待的。

而这三大指标得到有效提升的基础便是主播，在进行直播时，主播要选择最适合自己和最适合卖产品的模式。归纳起来，目前主流的直播卖货模式有以下 10 种。

直播间出品模式

直播间出品模式是目前直播中最火爆的模式，也是使用人数最多、最常规的一种模式之一。即主播在直播室内对产品进行介绍、试吃、试穿和试用，进而引起用户兴趣，为商品导流。

这种模式的特点是，主播及其团队根据市场需求自行采购商品，用户在主播介绍和试用商品的过程中被商品的特质所吸引。这种模式虽然门槛不高，但对主播的粉丝数量和商品的受欢迎程度有极高的要求。书中介绍的直播卖货相关内容，也都是以这种直播模式为主要框架的。

店铺直播模式

店铺直播模式主要是帮特定店铺进行宣传和销售，主播在该店铺对商品逐一进行介绍，为该店铺增添流量和销量。当用户表现出对某件商品产生兴趣时，主播就会着重介绍这款商品。这种模式成交的一个重要前提是店铺内的商品是否吸引人，此类直播的受众多是想购买该类商品并希望通过直播得到有效推荐的人群。

产地直播模式

出于城市用户对农作物生长情况的期待，这种模式目前主要被一些农副产品主播频繁使用，其主要形式就是主播向直播间用户展示田间地头里的芒果、火龙果等农副产品的生长状况，或是展示养殖基地中鸡、鸭等动物的生长场所。这种直播模式的优点是凸显了商品生长条件的优越性，更有利于打消人们对于食品安全的疑虑，获取观众的信赖，从而提高成交率。

但这种模式还有一个缺点，就是直播内容单一，对于新用户有一定吸引度，但无法长期挽留用户的心。

基地直播模式

基地直播与产地直播略有不同，但二者本质区别不大，主要的不同在于商品的性质。基地直播多是主播到商品的供应链基地去挑选一些有特点、有吸引力的商品，然后就地搭建直播场景，进行直播。

基地直播的优点在于，主播不用进货，商品由生产基地直接发货给消费者，所以主播也不用承担售后服务，比较省心。通常情况下，生产基地为了扩大销量，也会极力配合主播，进行一些互动，比如推出一些爆款商品限量出售，让观众"冲动消费"。

海外代购模式

这种模式主要针对长期待在海外、有充分的条件去进行直播的主播。其主要特点是主播到海外的各大店铺直播，将商品展示给观众看。这种直播的主要受众是喜欢并追求国外商品的人群，商品类型大多是化妆品、药品等。

这种模式的缺点是由于镜头长时间对准商品，观众难以对主播形成深刻印象，影响直播后续的开展。

秒杀模式

秒杀模式是一种能够短时间内吸引众多观众的模式，即主播与品牌商达成合作，通过低廉的价格，帮助品牌商增加流量和销量，同时为用户带去福利。这种模式获得成功的主要原因是主播对于商品价值的渲染能力，主播要让观众真正觉得直播商品物超所值。

这种模式通常适用于粉丝数量多的"头部主播"，因为商家只有在看到主播的流量和带货能力时，才能给到主播更低的价格。

砍价模式

砍价模式是一种充分利用消费者心理的直播模式，直播间里很多用户喜欢砍价也喜欢学习砍价技巧，在这个过程中他们能够收获"占到便宜"的满足感。

通常情况下，这种直播模式是主播对商品的优缺点进行分析，然后进行一个合理估值，最后主播询问是否有用户对这件商品有购买意向，一旦有用户想要购买这件商品，主播就会代替用户，与货主进行砍价，当价格达成共识时，三方成交。

专家门诊模式

这种模式主要针对有名望、有特殊才能的医生，受众为受疾病困扰的群体，这种模式成交转化率非常高，由专家对用户进行一对一诊疗，但这种模式通常热度不高，流量很少，销售的产品类型也很有限。

达人模式

达人模式就是由对某个领域有非常深厚认识，且对该领域相关信息掌握透彻的主播进行带货直播的直播模式。这种模式要求主播的粉丝基数大，粉丝对主播信任程度高，主播有极强的吸引力，能够形成较高的转化率。这种直播模式的典型代表就是李佳琦，他对美妆有着深刻的理解，能够促进粉丝的购买。

博彩模式

博彩模式是一种比较特殊的直播模式，这种模式极易让消费者产生"冲动消费"，它玩法新颖，观众期待度高，例如赌石、开蚌等带有博彩性质的交易。主播带领直播间用户挑选商品，但商品品质如何，要在打开后才知道，直播环节扣人心弦，比较吸引人。

以上我为大家介绍了目前比较流行的直播带货 10 种玩法，当你决定走上直播带货之路时，你不妨根据自己的实际情况去选择最适合自己的直播模式。当然，不管最后你选择了什么模式，我都想提醒你：在做出选择之前，你最好先对这种模式进行细致详细的研究。比如，你可以去各大直播平台上翻翻同种模式的直播内容，也可以向该模式的头部主播学习。

总之，作为直播新人，多积累、多准备、多学习总是没有错的。

进行直播预告

在选择好模式后，你距离直播正式开始也就更近了一步，而在正式踏进直播间之前，你还要养成一个良好的习惯，那就是进行直播预告。

在我的公司，几乎所有的主播在直播前都会提前发布直播预告。而在我和一些刚刚踏入直播大门的新主播交流的时候，也有很多人曾问过我同样的问题："直接开播不就得了，为什么要发布直播预告呢？"

在回答这个问题之前,我想请大家首先回想一下,是不是有许多电视剧在播出之前,都会进行预告呢?之所以这样做,是因为预告可以吸引更多的观众去提前关注这部电视剧。同样的道理,在做直播卖货前,主播也应该先进行预告,提前为直播汇聚流量。

归纳起来,在直播开始之前清晰地预告直播主题和内容主要有以下三大作用,如图 3-1 所示。

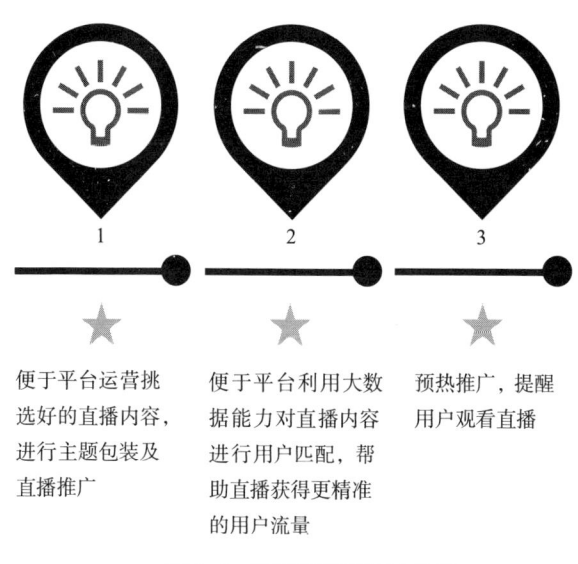

1	2	3
★	★	★
便于平台运营挑选好的直播内容,进行主题包装及直播推广	便于平台利用大数据能力对直播内容进行用户匹配,帮助直播获得更精准的用户流量	预热推广,提醒用户观看直播

图 3-1　直播预告的三大作用

一般来说,直播预告最好发布于直播开始的前两天,在进行直播预告时,主播应该同时发放直播间的优惠券,并用图片将产品的活动优惠价格跟原价展示出来,让用户知道在直播中通过直播间购买和正常直接购买会有多大的差别。

需要注意的是,不管是通过视频预热,还是通过图片预热,都应该做到预热有内容、画面整洁且无水印。此外，预热的产品最好不要超过三款，预热时间最好选择在晚上。

到这里，关于直播前的准备工作就全部介绍完毕了，作为即将踏入直播带货之路的新人主播，如果你也确实按照上面提到的内容做好了准备，那么我相信你的直播带货之路，一定会走得更顺、更远、更久、更好。

第 4 章

第 8~14 天 直播场控：
如何布置一个 100 分直播间

用户在选择直播间的过程中，"眼缘"至关重要，而一个好的"眼缘"又与主播搭建的直播间直接相关。如果直播间布置得整洁得体，用户对直播间就会产生良好的第一印象，相应地，直播的吸粉能力和变现能力就高；反之，即便用户进入了直播间，也会因为"不合眼缘"而退出，卖货也就无从谈起了。

直播间搭建

想象一下：此刻，你正在购物，在你的左手边和右手边有两家规模一样、商品一样、商品价格也一样的商店。不同的是，你左手边的商店装饰得精致而温馨，无论是导购员的着装，还是商品的陈列，都显得整齐划一，橱窗也布置得精妙得当；而右手边的那一家杂乱无章，不仅灯光暗淡、商品陈列无序，连导购员的状态都十分萎靡,更别提橱窗展示了。这时候,你会选择率先走进哪家?又在哪家买东西呢?

我想,你一定会选择左手边的那一家。并且,即便是两家商店的商品一模一样,我相信从内心深处,你也一定会认为左边那家商店的商品比右面那家的更高级,这便是店面装饰对营销的重要性。

这个规律在直播卖货中同样适用,只不过,在直播卖货中,主播的店面就变成了直播间。相应地,直播间的搭建和布置就决定了用户对主播和对整场直播的第一印象。如果第一印象好,直播的吸粉能力和变现能力就高;反之,即便客户进入了直播间,他们也会认为商品质量不高,扫几眼便走,更别提购买商品了。

什么样的直播间才能给用户留下好的第一印象呢?根据我自己的实战经验,一个100分的直播间,应该从以下几点着手。

空间选择

首先是直播间的空间大小问题,根据我的实战经验,一个合适的直播间不能小于30平方米(5米×6米),否则场地操作会施展不开,布景也做不出层级的效果,容易让人产生压抑的感觉。

除了对场地面积有要求,直播间对层高也有一定的要求,一般来说,直播间的层高不能少于3.5米,否则在主播顶光出镜时画面很容易出现抢眼的光斑。

空间划分

在空间的布置上,一个合理的直播间至少应该划分为商品的陈列区、直播区域（主播的活动区）、其他工作人员的活动区三大区域。

其中，直播区域和商品的陈列区是可以出镜的，其他工作人员的活动区则一般不出镜。一般来说，商品的陈列区根据直播类别的不同，陈列的工具或商品会不同。

以服装直播为例，商品的陈列区可能会涉及以下物品：

- 服装
- 衣架/衣柜：如果衣架要出镜，那么服装必须要摆放整齐，最好的学习榜样是商场，直播间的衣架不能让人一眼望去摆放了一堆衣服否则衣架就不要出镜。
- 假模特：原则上假模特最好不要超过两个。

背景布置

直播间的背景应根据直播的具体内容和主播的人设去设计。总体来说，应遵循尽量以浅色或纯色背景墙为主的布置原则，以简洁、大方、明亮为基础，以有一定灰度的浅色和不反光的材质为主，做到整齐划一、简单整洁。

这是因为，如果选择太亮或反光的背景，镜头里的主播就会显得很黑。此外，白色和过于鲜艳的色彩也不适宜作为背景，因为主播再白也白不过白色，在白色的衬托下，主播会黯然失色；过于鲜艳或过于炫目的背景与配饰，则会抢走主播的风头。

需要注意的是，在确定好背景风格后，其他软装布置也要契合整体的背景风格。

光线选择

在直播间光线的选择问题上,最重要的一个原则就是要避免主播脸上出现光斑,这就要保证主播脸部的光线均匀。要做到这一点,我的建议是尽量选择明亮的地方作为直播间,在预算充足的情况下,直播间可以多上一些环形补光灯,或者是专业直播灯。

此外,直播间要确保光线从多个角落而来,这是因为,当灯线从单一的某个角度而来时,主播脸部的阴影容易被加重。

一般来说,散光源是最佳的光源。所谓散光源,简单来说就是空间中来自四面八方且均衡的光源,这样的光源能让直播间的每个角落都显得明亮,在给人一种舒适的视觉感受的同时,做到协调柔和、避免重影、阴影。

直播间的光线对于整场直播而言至关重要,在后面的章节中,我还将重点阐述,这里就不再赘述。

主播位置

在任何一场直播中,主播一定要出现在直播间画面的 C 位(中心位置),这一点不容置疑也不能更改。在调整主播站位的时候,我们还应该坚持这样一个原则,那就是一定要让用户看得清主播的脸,同时又不能让主播离画面太近,因此,我们必须做到让主播和镜头保持一定的距离,注意直播场景的景深、直播的站位和画面的层次感。

一般来说，主播的出镜范围应该以 1/3 上半身或半身比例为宜，这样做的好处是可以更有效地建立用户与主播之间的亲切感。

最后要强调的就是主播的收音问题了。在直播的过程中，主播一定要注意直播间声音的清晰度，保障用户能够准确地听到主播说的每一句话，尤其是那些关键性的话语。一般来说，直播间会有 5~10 秒的延迟，这就要求主播在直播的过程中时刻注意直播过程中的言行举止，尽量做到微笑示人，而不能一直低头看手机上的互动。

总之，布置直播间就像装修房屋，它决定着用户对直播、主播及产品的第一印象，它也是主播与用户沟通的重要桥梁。对一场直播而言，主播的表现、能力及魅力，产品的品质、价格及性价比，这些都是不可忽视的重要因素，如果想要整场直播的可看性更高、给用户的感觉更好，整洁、干净、清爽的直播间就非常重要。

直播间灯光

一个好的直播间除了适当的装饰和合理的布局外，最重要的就是灯光。

作为画面的最基本素材，灯光需要得到合理的应用，才能达到最佳的效果。根据我自己的实践经验，在直播间中会有区域的划分，人和物（比如主播和产品）往往处于不同位置，为了建立更好的人物画面的景深关系，更有效地展示产品、突出主播，我们可以借助直播间的灯光。

直播间的灯光布置看起来并不难,但要想真正做到精致,就要考虑很多因素,所谓"差之毫厘,谬以千里"。在前一节中,关于灯光的话题我已经略有涉及,本节我将继续为大家做更详细的介绍。希望作为主播的你,也能真正掌握直播间布光的门道。

直播间布光的五大问题

在培训新人主播时,我经常会和他们强调:光是画面的语言,它蕴含着同语言一样明确的信息,一个好的布光会让主播看上去白皙透亮,让产品看上去精美高端,为卖货锦上添花;一个糟糕的布光则会让主播和产品黯然失色,让原本很有可能产生购买行为的用户失去购买的欲望。

通过观察,我发现目前大多数的主播在直播间布光这一问题上主要存在以下五大问题,针对这五大问题,我给大家提供了相应的解决方案(如表4-1所示)。

表4-1 直播间布光的五大问题及解决方案

	问题	解决方案
1	灯具买了很多,却达不到理想的效果	在购买灯具前,我们应首先对直播间进行观察和分析,弄清楚相关问题,比如直播空间的大小、光线强弱、自然光线的主要来源等,然后根据具体情况购买合适的灯具,避免花了钱,灯具买了一堆,却都是无用功的情况
2	光线过硬,脸部反光或者过曝	尽量选择面积较大的光源,通过调节距离的远近或者灯的亮度,来达到最好的效果,解决光线过硬问题

续表

	问题	解决方案
3	主体不突出，画面缺乏层次感	光线并不是不变的，直播间光线也分为主光和辅助光两种，因此，直播间要尽量用主光去打亮主体大部分的轮廓，再用辅助光弥补主光不足的问题
4	环境光源复杂，打光不知从何下手	当处于复杂光源环境中时，我们要尽量关闭或屏蔽其他光源，在主光源下进行直播，避免其他光源的干扰
5	灯具布置都对，但色彩还原度不高	考虑灯具的显色指数以及质量问题

以上表格列举了直播间布光的五大问题及相应的解决方案，作为新人主播，如果你恰巧也正在被这些问题困扰，那么希望你能从中得到一些启示。

直播间布光的三大原则

结合以上提到的直播间常见五大问题和我的实践经验，我建议，作为新手主播，当你在为自己的直播间布光时，应遵守以下三大原则。

直播间布光首选软光

首先需要给大家普及一个知识点：何谓光质？

简单来说，光质是指光的硬、软特性。硬光，是指光线产生的阴影轮廓鲜明，反差高，明晰而浓重。软光，是指光线产生的阴影轮廓渐变，反差低，柔和且不明快。

硬光方向性明显，它能让被摄物产生鲜明的明暗对比，有助于表现质感，其往往给人刚毅、富有生气的感觉。软光则没有明显的方向性，它适于反映物体的形态和色彩，但不善于表现物体的质感，其往往给人轻柔细腻之感，更适用于展示产品。因此，在日常的直播中，软光更适合我们。

主灯选择冷光源的 LED 灯

直播间的主灯建议选择冷光源的 LED 灯。一般来说，10 平方米左右的屋子配 60~80W 之间的灯作为主光源就够用了，有条件的话建议选择灯带，其营造的主灯光线效果更佳。

前置的补光灯和辅灯选择可调节光源的灯

直播间前置的补光灯和辅灯建议选择可调节光源的灯，灯泡功率可以稍大一些，这样在直播过程中主播可以自主调节光源强度，将灯光效果调整到自己最满意的状态。

一般我们在营造软光的时候通常都会用到反光板，比如拍照的时候。直播中，补光灯也是必备的，补光灯要反向照射到正对着主播的墙上，达到一定程度上的漫反射效果，尤其是前面的补光光源，反光板的使用通常会达到意想不到的效果。

直播间布光的效果及布置方位

在聊完了直播间布光的五大问题和直播间布光的三大原则后，接下来，我们就要解决直播间布光的具体问题了。

毋庸置疑的是，在一场直播中，灯具所处的位置，以及灯具的明暗，都会直接影响画面的最终效果。从专业的角度来说，最基础的布光主要有冷暖两种选择，究竟以哪种光为主，应该根据你的直播风格以及产品的具体情况来定。

暖光

暖光会让主播看上去更加自然，暖暖的感觉也会让人觉得更加舒服。

如果你的直播风格温暖、自然，直播内容不需要让观众看得非常清晰，那么你可以选择暖光。暖光通常的要求是主灯为冷光，辅灯为暖光，两组补光为暖光，具体的直播间布光设置如图4-1所示。

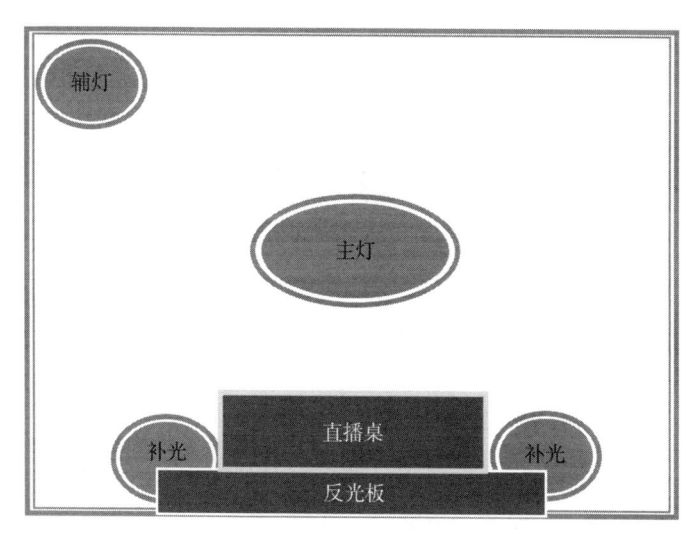

图4-1 直播间布置暖光的规划图

冷光

冷光会让主播看上去更加白皙，前面的补光稍微增加一点暖色,可以使主播的皮肤在白皙的同时增加一点红晕。

如果主播的直播风格偏正式、严肃,直播内容偏专业性和技术性,那么主播可以选择冷光。冷光通常的要求是主灯为冷光,辅灯为暖光,两组补光为冷暖结合偏冷光,具体的直播间布光设置如图4-2所示。

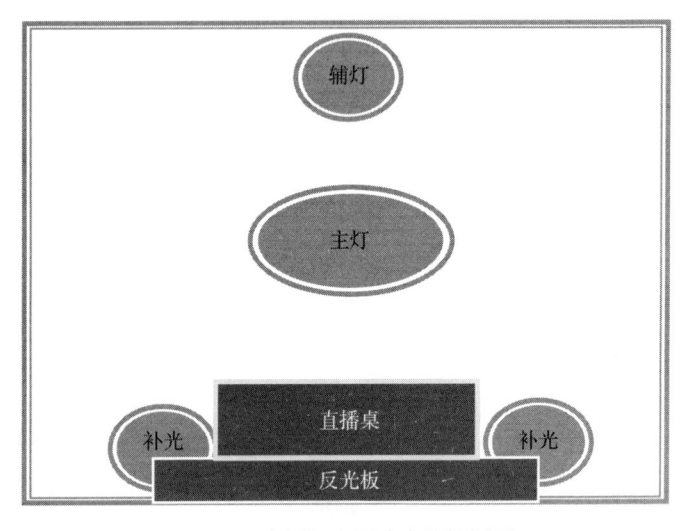

图 4-2 直播间布置冷光的规划图

最后,需要提醒主播的是:在直播时,主播的脸部不要离显示器太近,显示器的亮度要调低一点,因为显示器会发出蓝色的荧光,进而影响直播的视觉效果。

总之,用光是一门艺术,也是一门技术,优秀的直播画面,需要优秀的用光规划,主播的思考越多,主播画面的效果越好。

直播间设备

除了空间选择、区域划分、背景布置、灯光布置等因素外,对打造100分的直播间而言,还有一个因素也至关重要,那就是直播间的设备。从某种程度来说,直播设备也是一场直播最重要的保障力量,它能够确保直播高质、稳定地进行。

直播间里需要哪些配套设备呢?这就像车辆配置会有标配、高配和顶配等类型一样,根据直播内容和销售产品的不同,直播间内硬件设备的需求也是不一样的。这里很少有放之四海而皆准的东西,不过以下7样是直播间里必备的,它们是手机、移动充电宝、无线网络、支架、麦克风、提词器、收音设备。作为主播,只有当你拥有了这7件"神器"的时候,你才有可能称霸直播间,成功带货。

为了给大家选购这些设备提供一些有用的参考和指导建议,下面我们将就以下7样"神器"的配置要求和选择条件进行讲解。

手机

有人曾说:"只要有一部手机,再连接上网络,就可以做直播。"虽然这句话显得很不专业也略有些夸张,但单从技术层面来说,它还是成立的,主播只需在手机端安装直播软件,再通过手机摄像头即可进行直播。这也就意味着,对直播而言,手机是最重要的工具。

一般而言,当主播使用手机进行直播时,我建议身边至少准备两部手机，并且主播应该在这两部手机上同时登录直播账号。这样做的目的是保障直播的持续进行。归根到底，直播中断其实是一个大概率事件，受手机电池电量、网络信号等因素制约，没有人能够保证在这个过程中，直播不会出现任何意外，也没有人能说得清楚在直播过程中究竟会出现哪些意外，多准备一部或几部手机，为的就是有备无患。

移动充电宝

一般来说，一场卖货直播至少会持续两个小时，这对于手机电池的续航能力的要求非常高。因此，在进行直播前，电源也是需要考虑的重要因素。我的建议是，在进入直播间前，主播最好携带一个移动充电宝，这一点，也是我要求公司的主播必须做到的。

看到这里，许多人可能会问，手机充电通过电源插座就可以完成，如果直播间本身就有电源插座，那移动充电宝是不是就可以省掉呢？我的答案是最好不要。这是因为，电源插座是固定的，它会对直播画面产生一定的限制，而且，在直播的过程中，主播有时候需要走动，用电源插座充电很不方便。而移动充电宝小巧、易携，就不会存在上诉问题。

不过，在使用充电宝充电的时候，我们也要注意两个问题：一是携带的移动充电宝容量要足够大，避免出现充电充到一半电量不够的情况发生；二是当直播手机剩余 50% 左右的电量时，主播就应该连上移动充电宝进行充电，用剩余电量的续航时间换取充电时间，确保万无一失。

无线网络

直播对于网络速度的要求非常高,一旦直播间网速跟不上,出现卡顿的现象,用户很快就会流失掉。所以在直播前我们一定要确保网络速度足够快,防止出现卡顿、滞后等现象。

目前的直播大都分为室内直播和户外直播两种。室内直播通常会配备专门的无线网络,并且减少其他设备的连接,专供直播使用,所以网络效果一般比较良好。但在开始直播前,主播一定要对网络进行调试,避免出现网络问题。

户外直播没有专门的无线网络,但目前人们手机的网络已经开始按流量计算,主播可以更换包含更多流量的套餐包,这种方式比较方便,但成本较高,且不适合在手机信号不佳的场所进行。或者主播可以购买"移动 Wi-Fi(无线局域网)",这种方式成本低廉,但携带不太方便。

不过,随着 5G 时代的到来,我们相信移动网络会更加畅快,流量也会更加便宜,到那时,主播在直播时网络出现故障的问题也都将得到解决。

支架

要想直播画面清晰、稳定,就一定需要一个可以稳定手机的支架,手持手机进行直播不仅比较累,还会造成画面抖动,影响直播效果。直播支架通常包含固定机位直播支架和移动机位防抖直播支架两种。

由于直播设备和直播场所的固定性,固定机位直播支架通常不会过于复杂，能够起到稳定机位的作用即可。众多主播经常使用的支架有三脚架、懒人支架等。

对手机直播的主播，尤其是户外直播的主播来说，他们就更加需要防抖的支架了。目前有很多手持手机稳定器，防抖效果不错，还有一些防抖云台、平衡器等。

随着直播行业的发展，现在网上可购买到的支架往往还有很多其他功能，比如补光、美颜、蓝牙远程操控、伸缩调节高度等，主播可根据直播间的需求自行挑选。

麦克风

热情亲切、互动能力强的主播再配以悦耳动听的声音，会更加吸引用户，所以在一场卖货直播中，麦克风也一定要配得到位，它能够更好地向用户传递主播的声音和感情。当然，麦克风也有等级、档次之分，价格从几十元到上千元不等，主播可以根据自己的实际需要进行选择。

目前，主播常用的麦克风主要有电容式和动圈式两种。电容式麦克风灵敏度高，输出的声音细腻、饱满，是大多数主播首选的麦克风类型。电容式麦克风的咪头又有驻极体式和振膜式两种。驻极体式咪头价格低廉，大多数头戴式耳机和廉价的电容麦使用的都是这种咪头，它输出电频高，可以直接连接到板载声卡上靠主板供电，但是音质较差。振膜式咪头在动态范围和灵敏度方面都强于驻极体式咪头。市场上那些售价很高的麦克风大都是噪声更小、灵敏度更高的大膜片电容式麦克风。

动圈式麦克风一般被户外主播使用，因为它的音质特点是光滑、圆润，有自然美化的功能，并且它还具有单一指向性的特点，外界的噪声不容易进入，不需要电源供电。所以户外主播比较喜欢使用这种麦克风。它的缺点是音量小、人声闷，清晰度和灵敏度不够好。

对室内主播来说，他们一直要与麦克风保持很近的距离，所以动圈式麦克风使用起来不如电容式麦克风方便。现在很多主播不仅配有麦克风，还会在直播间配置非常专业的悬臂支架、防震架和防喷网等设备，这些附加设备对主播起到的专业烘托作用可能更胜于它们在声音传送过程中发挥的作用。

提词器

在现实的直播卖货中，很多主播并没有受过专业的播音主持训练，这些主播在直播时出现"口误"或其他差错也是比较普遍的现象。为了有效降低主播在直播中出现问题的概率，提词器就成为直播时的必备"神器"。

提词器可以是非常简单的白板，只要放在观众看不到而主播能一眼看到的地方即可。提词内容可以是简单的关键词或是直播的大致流程，当然，简单的前提是主播有较好的控场能力和语言表达能力。

当面对大量"台词"，比如抽奖信息、活动内容时，直播间工作人员一般就需要对直播进行大量的信息提示，以免主播在关键信息的处理上出现遗漏或是失误。

收音设备

手机的收音效果并不是很好,只能满足正常通话的需要,若是用手机进行直播,即便是在非常安静的情况下,也有可能出现收音效果不佳、观众听不到声音的状况。更别提当主播处于嘈杂环境时,手机就更难收到主播的声音了。

这时就需要外接收音设备进行辅助收音,让主播的声音能够更加清晰地传到观众耳中。

收音设备通常分为两种,在室内进行直播时,主播通常会选择蓝牙无线耳机或者有线耳机。当直播间有多人发言的时候,主播大都选择外接线缆收音。

以上我为大家介绍了直播间最常用到的7样"神器",在实际的直播过程中,主播应根据自己的实际需求配置相应的直播设备。

第 5 章

第 15~21 天 脚本策划：
10 分钟写一个高转化的直播脚本

就像主持节目有台本、拍电影有剧本一样，直播也需要脚本。直播脚本能够帮助主播更好地把控直播的节奏，规范直播的流程，减少突发状况，从而让直播达到预期的目标，产生最大的收益。它的存在就是要告诉所有主播：不打无准备之仗。无论主播的能力有多强，在决定走进直播间之前，他们都不会省略脚本设计这一步。

没有脚本的直播，只会垮掉

我们正处在一个"内容为王"的时代，无论是利用社交平台、短视频平台还是各类社群网站进行宣传推广活动，"内容"一定是影响这些活动效果的最重要因素。

同样的道理，主播如果想维持直播的热度，打造良好的个人品牌并提升自己的带货能力，就必须坚持做好直播内容的输出。

尽管直播看起来很简单，门槛很低，似乎人人都能直播，直播的内容却良莠不齐，直播效果也天差地别。主播如果想让直播达到理想效果，就需要在直播前精心准备直播脚本。

脚本的意义

相信每个主播都曾经有过这样的"尴尬时刻"：直播不知道聊什么，全程没有重点；在介绍产品时卡壳甚至出错，造成不必要的麻烦；无法控制直播时间，播完精疲力竭；意外状况频出，难以迅速解决；用户毫不配合，一直"唱反调"……

这些问题在整个直播行业中普遍存在，究其根本，正是因为主播在准备直播的过程中，忽略了脚本，不做具体的直播规划。

从这个角度来说，脚本的创作对卖货直播而言至关重要。归纳起来，直播脚本有以下三重意义。

确定直播主题和内容

无论是卖货直播，还是其他任何形式的直播，最忌讳的事情就是主播在开播前"临阵磨枪"。然而，遗憾的是，在现实生活中，许多主播偏偏就是这样做的。这也是如今在直播行业中主播带货能力参差不齐的主要原因。

比如，前两天我半夜睡不着，随机点开了一个淘宝直播，发现在镜头里根本看不到主播，更无从知晓主播要表达什么、卖什么，直播画面也格外凌乱，直播间内只是随意放着一些乱七八糟的歌曲，这样的直播，开和不开又有什么区别呢？

撰写直播脚本最大的意义,就是脚本能够更好地帮助主播确定直播的内容和主题。熟悉直播的人都知道,直播的内容和主题正是直播的核心,这直接决定着一场直播的效果。

如何通过直播脚本去确定直播的内容和主题呢?我们可以从以下两步入手:首先,在确定直播内容和主题时,主播可以从商家的需求出发,明确商家通过这场直播想要达成的目标,然后主播围绕这个目标,思考直播的方式;然后,主播可以从用户的感受出发,洞悉用户的心理,了解用户喜欢看什么样的直播,愿意为什么样的直播买单,然后再结合这两步,确定直播的内容和主题。

在这个过程中,主播如果缺乏灵感,苦苦思索仍然想不出适合的主题,那么也可以通过查看用户和买家的反馈获得灵感,比如粉丝群聊、微博评论、微淘回复等。

把控直播节奏和流程

在现实生活中,相信大家都有这样的感受:有时候,在我们随机进入一个直播间后,会看见主播坐在直播间里"尬聊",有的甚至在自言自语或者自顾自地玩手机。试想一下,这样的直播,怎么可能带货呢。

一个规范的脚本则能够很好地帮助主播把控直播节奏和流程,从而避免直播的失误。

根据我自己的实践经验,在直播前,如果主播已经撰写了脚本,那么在直播的过程中,主播就会按照流程,一步一步有条不紊地进行直播,而不是"处处随机,随时宕机"。

同时,在写好直播脚本后,主播能够清楚地知道自己在什么时间,该做什么事情,还有什么没做,这样一来,直播就会非常有节奏,直播脉络也会非常清晰,直播过程中也就不会出现混乱的场景。

进行经验梳理和总结

直播脚本其实和工作记录一样,对直播能够起到梳理和总结的作用。当直播结束时,主播可以对照事前撰写的脚本,回顾今天直播过程中出现的问题,针对问题进行反思、总结,并形成经验,给今后的直播工作提供参考。

从这个角度来说,撰写直播脚本其实也是收获"复利"的绝佳方式,主播通过不断总结,不断获得提升,长此以往,主播就能不断积累自己的直播经验,增长直播技巧。

总之,直播脚本就像电影的大纲一样,能够帮助主播更好地把控直播的节奏,规范直播的流程,减少突发状况,让直播达到预期的目标,产生最大的效益。所以,即使主播的能力很强,在决定走进直播间之前,也不要省略脚本设计这一步。

脚本的类型

从不同的角度出发,脚本通常又可以分为不同的类型。下面,我将分别从直播的形式和直播的对象入手,对直播脚本进行大致分类。

从直播的形式入手

从直播的形式看来,直播脚本主要可以分为三类。

UGC(用户原创内容)主播的脚本

UGC主播又被称为用户创造型主播，这类主播的直播内容主要以展示个人才艺和鲜明个性为主，相应地，这类主播在开播前撰写的直播脚本，应该以主播个人展示、直播商品以及与粉丝的互动内容为核心。

PGC（专业生产内容）主播的脚本

UGC主播在发展到一定程度后，就会升级成为PGC主播。这也意味着，PGC主播一般要比UGC主播更专业、要求更高。当然，这类主播的直播脚本中包含的信息也会更多一些，包括主持人、嘉宾、商品、游戏、互动等，但脚本的核心内容还是商品信息和互动活动。

大型直播晚会的脚本

大型直播晚会的脚本就更为复杂了，比如天猫"双11"直播晚会，脚本就有20 000多字，其中包含各种信息。除了主要的商品和互动游戏之外，各种形式的抽奖活动、表演都要涵盖到直播脚本中。

从直播的对象入手

从直播的对象来看，脚本又可以分为单品脚本和整场脚本两类。

单品脚本

单品脚本主要针对本场直播中着重介绍的商品展开。这类脚本更适合那些直播流程比较固定、经验老到的"老"主播使用，因为这些主播不会在除重点商品介绍之外的流程上出错，所以他们只需着重了解商品相关信息即可。

根据我的实战经验,我建议主播在撰写单品脚本时,可以以表格的形式展开,将商品的卖点和利益点做成简单、直观、清晰的表格。这样一来,主播在直播时就能迅速而准确地找到直播的重点。

整场脚本

整场脚本是对整个直播过程的规划和安排,内容要细致到每一分钟该做什么事情。下面这个表格(如表5-1所示),就是公司中某个主播撰写的直播脚本。

表5-1 整场脚本案例

时间	内容
1~5分钟	迅速进入直播状态,和用户打招呼,进行互动,强调每天开播时间,等待用户大部队到来
5~10分钟	剧透今日新品和主推品
10~20分钟	将今天所有的品过一遍,不做过多停留,对于潜在爆品可重点推荐;在这个过程中,助理帮助展示配套服装;不看用户评论,保持自己的节奏
30分钟之后	正式进入产品逐个推荐环节,对每个产品进行5分钟的详细介绍,场控根据同时在线人数、用户公屏回复和每个产品的点击转化销售数据,引导主播进行重点产品推荐的调整
最后60分钟	做呼声较高的产品的返场推荐
最后10分钟	剧透明日新品,见缝插针地回复今日产品的问题
最后1分钟	强调关注主播,强调明日开播的时间和福利

当然,以上我列举的整场脚本也未必是最全面的,但从整体来讲,它还是比较具有参考价值的。作为主播,尤其是作为刚加入卖货团队不久的新手主播,在撰写自己的直播脚本时,可以结合自己

的实际情况进行调整。

总之，对卖货直播而言脚本至关重要，要知道，像薇娅、李佳琦这样的"头部主播"在直播时，也是需要脚本的，更何况是刚刚加入直播行业的新手主播呢？

直播脚本

在前文中，我已经强调了脚本对于直播的重要意义，并分别从直播的形式和直播的对象入手，对直播脚本进行了具体分类。看到这里，可能许多主播依然会觉得很迷茫，不知道如何下手去撰写直播脚本。

接下来，我将从撰写直播脚本的四大核心环节出发，手把手地教大家撰写规范、好用的直播脚本。

撰写直播脚本的四大核心环节

直播脚本的撰写主要有以下四大核心环节。

明确直播主题：从需求出发，选择鲜明的主题

主题是直播的核心，一般来说，整场直播的内容都应该围绕着主题，比如配合品牌上新、店庆活动，或是回馈客户等，这些都能作为直播主题。

在直播的过程中，如果主播的直播内容与直播主题不符，比如，主播要做店庆抽免单的主题直播，结果用户进来发现主播一直在讲省钱技巧，迟迟不进行抽奖，用户可能马上就走了。再比如，

主播要主推的产品是美妆，如果主播在其他非美妆产品上花费太多时间，讲解太多太细，那么直播很容易本末倒置，用户不知道你的直播核心是什么，这样便会造成观众的流失。

所以，在撰写直播脚本时，我们要抓住的第一个核心环节就是明确直播主题。

把控直播节奏：确定每个时间段的直播内容

把控直播节奏简单来说是指控制每段时间的直播内容，这样有助于主播从容不迫地把控整个直播间走向，同时，这样也能帮助主播提高直播的流畅度，优化用户的观感体验，让主播不至于在直播途中突然卡住不知道该做什么或是遇到突发状况乱了方寸。

具体来说，以下两点应该要在直播脚本中得到规划并加以体现。

根据直播内容对海报、软文进行设计，多渠道宣传

在直播过程中，主播不要在正式开始后坐等流量进来，而要主动出击，在开始前广而告之让大家知道我们要做直播了，对这个主题感兴趣的人都可以来参加，参加的人没准儿还能抽到小礼物，这也是专业的直播团队流量往往多于普通商家流量的原因。普通商家过于依赖某一个渠道的帮助，而不会通过结合各个渠道的资源增加自己的曝光和流量，比如上活动，成熟的卖家永远在思考如何增加付费让渠道引入更多的流量，而不成熟的卖家上活动仅仅是为了节省推广费。

在直播中反复说明自己直播的目的

无论是开场预热还是品牌介绍，或者是整场直播活动的简单介绍，向用户传达直播的目的是非常关键的一点，要让用户明白"我在看什么"，"我能得到什么"，"有哪些福利和产品"。

主播通常会用 15~20 分钟讲解、演示一件产品，然后用 5~10 分钟来重复自己直播的目的，直播希望达到的目标或者消费者互动能够得到的好处。把控节奏很重要，这也是专业主播和业余主播最本质的区别。

这个环节最重要的是直播的内容要和最开始确定的直播目标相互呼应，切忌像电视购物一样只卖东西。而要做到这一点，主播需要着重注意两点：一是在直播中强调自身的专业性，以建立用户信任，增加用户关注度；二是在直播中强调产品的特殊性、适用性等内容，以提高产品的转化率和客单价。

调度直播分工：注明直播人员、场景、道具

直播是动态的过程，涉及人员的配合、场景的切换和道具的展示，前期在脚本上一定要做好标注，这样做的好处：一是更方便进行直播的筹备工作，二是让现场的配合更默契。

总之，优秀的直播脚本一定要考虑到各流程的各个环节和团队的配合，总的来说就是人员、场景、道具的综合调度。

引导直播互动：增加趣味性，吸引用户停留

互动、游戏、福利等都是卖货直播的常规引流手段，这些手段在什么时段插入也需要提前制订好执行计划并体现在脚本上，以便主播有一个明确的操作动作。

卖货直播脚本的通用模板

以上,我为大家分析了撰写直播脚本的四大核心环节,看到这里,许多人或许还是会觉得有些抽象,为了让大家更直观地感受科学、严谨、规范的卖货直播脚本究竟是什么样的,下面,我将为大家引入一个卖货直播脚本的通用模板,希望能给大家更多启示(如表5-2所示)。

表5-2 直播脚本的模板

注:以淘宝直播为例

直播脚本的模板			
直播主题	2019年秋冬装新品发布会		
主播	×××		
道具准备	白板、新款服装、品牌标志		
内容提纲			
1	前期准备(直播宣传、明确目标、人员分工、产品梳理等)		
2	开场预热(适度互动、自我介绍等)		
3	品牌介绍		
4	直播活动介绍		
5	新款服装讲解		
6	新款试穿		
7	抽奖活动(穿插用户问答)		
8	结束语(引导关注、预告下次直播内容)		
直播流程			
	时长(分钟)	主要内容	画面
1	1	快速进入直播状态,开场互动、预热	主播与用户打招呼

续表

	直播流程		
	时长（分钟）	主要内容	画面
2	3	品牌介绍，强调关注店铺、预约店铺	指出收藏店铺的地址
3	5	直播活动介绍，直播福利、简介流程、优惠引导（满300元减50元、满500元减100元、10元无门槛优惠券等）	使用白板介绍活动
4	60	服装介绍从风格、工艺特点、面料材质、搭配技巧展开	主播自己试穿或让模特试穿服装，当介绍到细节时，主播引导观众看服装实物
5		模特换装，主播与用户进行互动，解答用户提出的问题	
6		进行下一套服装展示	继续讲解，突出特点
7	10	抽奖活动，主播穿插回复用户，从今天购买商品的用户中抽取一人赠送一套衣服	助理协助主播进行抽奖，引导用户在直播间发言，形成活跃的氛围
8	5	结束总结，最后进行引流，引导新用户关注主播，进行下次直播预告	

最后我想强调的是，卖货直播的脚本并不是一成不变的，而是需要不断优化的。一场直播在按脚本执行的时候，工作人员可以分时间段记录下各种数据和问题，在结束后进行复盘分析，对不同时间段里的优点和缺点或强化或改进，不断地调整脚本，这样一来，主播直播久了，心中自然就会有制定直播脚本的策略和方法，对于直播脚本的运用也会更加得心应手。

爆款封面和标题

不管是发布直播预告，还是正式直播，一个好的封面设计都是加分项，它能够吸引更多的用户点击观看，起到锦上添花的作用。如果把直播比喻成人，封面设计就是这个人的脸和身材，当人们想要去了解他时，大家最先看到的往往是他的外在。

一般来说，封面设计又包括封面图和封面标题两部分，接下来，我将分别从这两部分出发，和大家一起聊一聊封面设计的方法和技巧。

封面图

在设计直播封面图的时候，我们首先要考虑平台规定的封面图尺寸。以淘宝为例，封面尺寸不能小于 500mm × 500mm，且要成正方形等比，以保证美观度，根据我自己的经验，我比较推荐的尺寸是 750mm × 750mm。

除了遵守平台要求外，直播工作人员在设计直播封面图时，还应该注意下图中列举的几点（如图 5-1 所示）。

图中列举了设计直播封面图的六大注意事项，我们需要注意当直播涉及一些垂直行业时，直播团队在做准备工作时还应该考虑垂直行业自身的属性和产品的特点。下面，我将为大家介绍时下最热门的三类产品的直播封面图设计的具体要求。

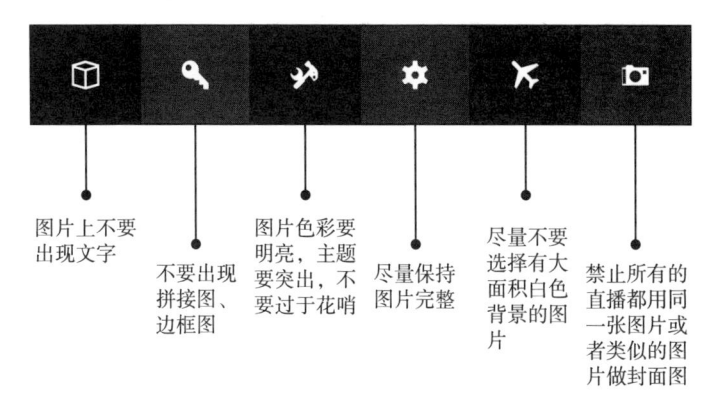

| 图片上不要出现文字 | 不要出现拼接图、边框图 | 图片色彩要明亮，主题要突出，不要过于花哨 | 尽量保持图片完整 | 尽量不要选择有大面积白色背景的图片 | 禁止所有的直播都用同一张图片或者类似的图片做封面图 |

图 5-1 设计直播封面图的六大注意事项

服饰类

首先，封面图选用的图片最好是服饰搭配后的美照；其次，封面图选用的图片应该和直播标题保持一致，比如，如果直播标题是"手把手教你一衣多穿"，封面图就应该是主播穿着搭配好的服饰的图片，请注意，这里使用的图片应有版权。

美妆类

首先，美妆类直播的封面图最好选用主播的人物照片，而不是产品照片；其次，选用的图片最好是主播的妆后美照；最后，选用的图片应该和直播标题保持一致，比如，如果直播标题是"圣诞妆"，封面图就应该是圣诞妆容的有版权的照片。

母婴类

母婴类直播的封面图不要放置孩子的图片，而应该选择主播或者商品的图片。

卖货直播的商品类别已经越来越多，在不久的将来，只要是出现在网上的商品，都可以被搬进直播间。然而，不管是哪一类型的产品，直播的封面图的设计都应该做到简洁、美观、大方，这也是封面图设计的基准线。

封面标题

在我看来，一个好的封面标题不仅能引起用户在众多直播内容中对你直播内容的兴趣，吸引更多用户点进直播间观看，还能起到促进销售的作用。

应该如何撰写封面标题呢？在回答这个问题之前，我们不妨先来了解一下衡量一个好标题的四大标准。

好标题的四大标准

对于"什么是好标题"这一问题，或许每个人的答案都不相同，在我看来，衡量一个好标题的标准主要有以下四点。

精准：表达态度，突出主题

直播封面标题一定要精准，要能够准确地传达直播主题，让目标用户一眼就知道直播的核心内容。

真实：标题与内容一致

直播封面标题一定要从事实出发，切忌虚假宣传、夸大事实，导致直播内容和封面标题毫不相干，这会让用户感到莫名其妙，从而降低对产品的期望值，也会影响主播和用户建立真实长久的互动关系。

从本质上来说，标题好不好是一回事，真不真实又是另一回事。简单来说，一个真实但不那么出彩的标题永远比一个不真实但很出彩的标题更适合直播间。

用心：充满情感，引发共鸣

不管在任何时候，用心的东西，充满情感的东西，能引发共鸣的东西，永远是最高级的。这一点对直播封面标题同样适用。

拟定标题的一个重要目的就是吸引用户关注，而一个不带感情的、冷冰冰的标题显然是无法达到这一目的的。要想减少生硬感、拉近与用户之间的距离，拟定的直播标题就必须带着情感，带着温度。

创意：标新立异，拒绝沉闷

在标题中加入一些富有创意的元素也是拟定直播封面标题的一个重要原则。这是因为标新立异的东西往往能更好地吸引人的注意，从而帮助直播更好地达到引流吸粉的目的。

好标题的 5 个类型

结合以上提到的衡量一个标题好坏的四大标准和主播拟定封面标题的常用手法，下面我将为大家介绍好标题的 5 个类型，在实际拟定直播封面标题的过程中，大家可以参考借鉴。

一针见血型

一针见血型就是不说废话，直接点名产品优势（比如价格优势、质量优势），让用户不需要过多地思考，就可以迅速了解产品的卖点，吸引用户点进直播间观看直播。

例如，某服装店的卖货直播标题：

羊毛衫 39 元甩！厂家清仓

诉诸效果型

这种类型的标题就是告诉用户在使用直播间的产品后会达到怎样的效果,从而打动用户,吸引用户点进直播间观看。

例如,某服装店的店主开设了穿搭技巧类的直播间,教微胖女孩一些日常穿搭技巧,其卖货直播的标题就是:

> 胖妹妹显瘦20斤的穿搭技巧

这个标题看起来朴实无华对不对?它的吸引力却很大。微胖的女孩子在看见这样的标题后,往往会抱着看一看的心态,点进直播间。

紧贴热点型

这里的"热点"不仅包括社会大事件,还包括节日、产品最适合的场景等信息。例如,在圣诞节之际,有许多主播的直播内容和推销产品都会与圣诞节有一定的相关性,借此来吸引用户走进直播间观看并购买产品,卖货直播标题就可以这样起:

> 一招解锁平安夜约会装
> 圣诞省钱攻略

紧贴生活型

紧贴生活型的直播标题会给用户一种生活的气息,让用户感觉平易近人,同时拉近主播与用户之间的距离,从而促成用户点进直播间。

例如,某卖零食的主播就拟定了这样一个直播标题:

吃过,就会爱上

这样的直播标题就像是一个朋友在向你推荐他喜欢吃的零食。让用户产生"真的这么好吃吗?"的疑问,并且在好奇心的推动下,主动点进直播间。

直截了当型

直截了当型的标题就是开门见山,直接说明直播的内容和主题。例如:

××珠宝现货福利狂欢!

以上我为大家介绍了直播卖货文案5种不同类型的标题,当然,不管是哪一类标题,主播在撰写的过程中,都应该注意以下几点(如图5-2所示)。

以上我为大家介绍了直播封面图和直播标题的相关内容。按照直播卖货的逻辑,当主播通过各个渠道进行了直播预告,并设计出了有趣、有料的直播封面,写出了足够吸引人的封面标题时,主播已经为后面的直播做好了铺垫,接下来,这场直播究竟能不能带货、能带多少货,就取决于其在直播中的具体表现了。

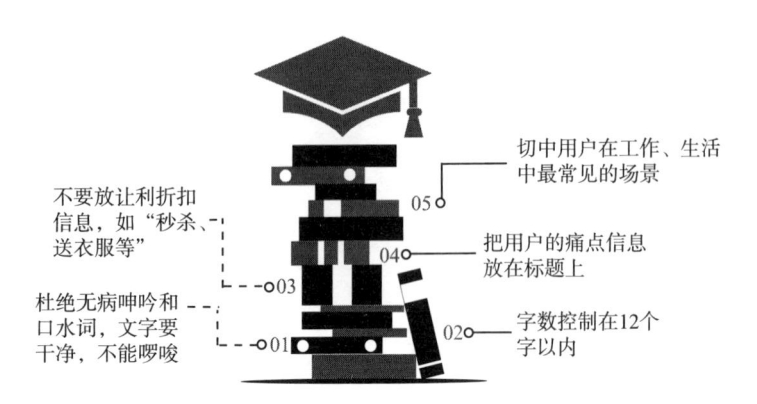

图 5-2 拟定直播标题的五大注意事项

第三部分

33天进阶
从"腿部主播"成为"腰部主播"

第 6 章

第 22~32 天 销售话术：
5 步销售法和 5 个常用的直播间话术

从本质上来说，直播带货就是一种销售，衡量一场直播成功与否的重要标志，便是其销售业绩如何、带货能力如何。在现实的直播行业中，有的直播间一场直播带货上亿元，有的直播间却悄无声息，之所以存在这种差距，除了产品的品质、价格的优势和主播个人的魅力之外，最关键的因素还在于销售技巧。

直播卖货的 FAB 法则

是什么让直播带货力如此强大？除产品的品质、价格的优势和主播个人的魅力之外，主播的营销技巧也不可或缺。

如果我们将直播间看作线下门店，在直播间卖力"吆喝"的主播就是门店导购员，那些通过各种渠道进入直播间的用户就是顾客。作为"直播间导购员"，主播要想让顾客在店里消费，就应该掌握正确的销售法则和有效的销售技巧。

本节，我要为大家介绍一个主播常用的直播卖货法则：FAB法则。

何为 FAB 法则

FAB 是英文单词 feature（属性）、advantage（作用）和 benefit（益处）的缩写。要想更好地理解 FAB 法则，我们不妨从理解这三个单词开始（如图 6-1 所示）。

Feature
属性，即产品的客观现实和属性

Advantage
作用，即产品的优点和自身的用处

Benefit
益处，即给用户带来的利益

图 6-1　FAB 的内涵

从图 6-1 中我们可以总结得出，所谓的 FAB 法则，就是从用户的实际出发，分析产品的优势，进而得出产品给用户带来的利益。这种典型的说服性演讲结构，能够让演讲有理有据，更具说服力。

说到这里，大家可能对 FAB 法则还是有一些陌生，下面，我们不妨通过一个生动有趣的经典案例直观地感受一下什么是 FAB

法则。

一只猫非常饿,很想大吃一顿。这时候,猫主人走过来,给了猫100元,猫却没有任何反应,依然趴在地上一动不动。

过了一会儿,猫主人见猫没有动静,就对它说:"猫先生,100元可以买很多鱼啊。"听完猫主人的话,猫想了想,还是没有动。

又过了一会儿,猫主人再次走过来对猫说:"猫先生请看,我给了你100元,这100元能买很多鱼,你可以大吃一顿了。"猫主人话音刚落,猫飞快地捡起钱,跑出了门。

在这个案例中,猫主人给猫钱,但猫没有反应,因为这100元只是一个属性。

猫主人第一次对猫说:"猫先生,100元可以买很多鱼啊。"这时候,买鱼就是这些钱的作用,但猫依然没有动。

猫主人第二次对猫说:"我给了你100元,这100元能买很多鱼,你可以大吃一顿了。"这时候,不仅有了属性(钱),有了作用(买鱼),还有了益处(可以大吃一顿了)。于是,猫飞快地捡起钱跑出了门。

这其实就是一个完整的说服性演讲结构,相信通过这个案例,你对FAB法则也有了更深的理解。

FAB法则两步法

其实,FAB法则在销售中的运用非常广泛,在日常生活中,我们经常会遇到这种销售方式。比如,当女生去商店买鞋子时,售货员一般都会这样对她说:"这双鞋子是皮毛一体的,非常暖和,不管天气有多冷，只要您穿上它就不会感觉冻脚。"售货员的这番话，其实就是运用了 FAB 法则。

当然，FAB 法则之所以会被广泛使用，除了它易于上手外，还因为它符合人们的思考方式，能够产生很好的效果。

具体来说，FAB 法则的运用可以分为以下两个步骤。

第一步：确定需求

当用户选择在直播间买东西时，他们往往并不是为了购买服装本身，而是希望能够通过这件商品去满足自己的某种实际需求，这也是永恒不变的商业逻辑之一。

所以，主播运用 FAB 法则的前提是要充分了解直播间内用户的实际需求，因为用户的需求从某种程度来说，决定了 FAB 法则的整个走向。

比如，如果用户的实际需求是价格便宜，但在直播卖货的过程中，主播一直在强调产品的特性，这就很难引起用户的共鸣；如果用户的实际需求是高品质的体验，但是在直播的过程中，主播一直在强调价格的低廉和实惠，那么客户也不会感兴趣。

由此可见，为了让 FAB 法则产生最大效用，在运用 FAB 法则前，主播一定要首先确认用户的实际需求。具体来说，主播可以从以下三方面去做。

直接提问

在直播的过程中，主播直接询问用户想买什么样的产品，是物美价廉的还是品质取胜的，是男装还是女装。或者直接给用户列出选项，让用户做出选择。

间接探知

在直播的过程中，主播要多和用户进行交流互动，并从互动中去探知客户的实际需求。比如，主播可以和用户聊一聊平时喜欢什么风格、什么类型的产品，并从用户的回答中寻找"蛛丝马迹"，然后对这些细微的线索进行分析，找到客户的实际需求。

制造需求

制造需求顾名思义是指引导用户的需求，为用户创造新的需求。比如，主播可以在卖货的过程中向用户介绍新产品、发放优惠券、开展秒杀活动等，让一些原本没有购买计划的用户在其他条件的刺激下，产生需求，做出购买举动。

第二步：进行产品销售

在确定了用户的实际需求后，主播就可以用 FAB 法则进行产品销售了。作为一种常见的说服技巧，FAB 法则的销售逻辑其实十分简单，用一句话概括就是：我们的产品是 F，它可以 A，让您使用时有 B 的益处。

产品是 F

即告诉用户，你在直播间内销售的产品是什么，例如服装，你要告诉用户包括产品的面料、版型、做工、水洗方式、所用的辅料在内的信息。在描述产品的属性时，主播应尽量去描述那些客观存在的，区别于其他竞品的属性。

它可以 A

阐述前面提到的产品特性会带来什么样的好处，发挥什么样的作用，例如，蚕丝质地的裙子在夏季穿着更凉爽。

使用时有 B 的益处

主播站在用户的立场，去建立产品与用户实际需求之间的联系，告诉客户通过购买这件产品，他将得到什么益处，例如，这款连衣裙能够展现您迷人的身材。

这里需要注意的是，FAB 法则的运用顺序不是固定不变的，主播可以根据实际情况和实际需求调整顺序。比如，在实际运用中，主播也可以把 FAB 转换成 BAF，先说产品能为客户带来的利益，然后再分析原因，最后介绍产品。不管主播最后采用什么顺序，最终目标都是吸引用户的注意力，让用户爽快下单。

为了让大家更好地感受一下 FAB 法则的魅力，我也专门对主播在卖货时运用的一般话术和 FAB 话术进行了一个对比（如表 6-1 所示）。

表 6-1　一般话术和 FAB 话术的对比

一般话术	FAB 话术
这款相机很好用	这款相机拥有 1 200 万像素的单摄像头，它支持 OIS 光学防抖功能，拥有 f/1.8 的超大光圈，能为您带来专业相机的拍照体验
这件衣服穿了很舒服	这件衣服采用全棉面料，十分透气，不仅穿起来特别舒服，而且能够更好地呵护宝宝娇嫩的肌肤
这款衣服的版型很好	这件衣服采用贴身的版型设计，可以充分展现您迷人的身材

最后，我想说，随着直播卖货日益风靡，我们可以预见，未来，加入直播卖货阵营的商家和主播会越来越多，要想在激烈的竞争中立于不败之地，主播就必须学会用脑子、用技巧去取胜。在这

个过程中,希望 FAB 法则能够助主播一臂之力。

直播间 5 步销售法

谈到卖产品,营销界有这样一个销售定律:深谙人性。意思是说,销售员要有效地把东西推销出去,就需要将语言和人性结合起来。这个销售定律,在日常生活中随处可见。

比如,在一位女士进入一家服装店后,销售员一般都会对其进行糖衣炮弹的轰炸,在各种甜言蜜语的攻击下,相信这位女士也会和大多数女性朋友一样沦陷其中并最终买单。

当一位男士陪另一半逛商场时,销售员一般都会对这位男士的另一半一顿猛夸,暗示男士买单,最后,这位男士不得不买单。

在以上场景中,销售员便是运用了"深谙人性"的销售定律成功让消费者掏了腰包。

从本质上来说,直播带货也是营销的一种模式。只不过,相较于传统的营销模式,由直播构建的虚拟购物场景,已经成功地将曾经回响在狭小市场里的叫卖声带到了实时互动的直播间里。在直播的过程中,主播扮演的角色,其实就等同于服装店的销售员、商场的导购、美容院的顾问、电视购物节目的主持人……其主要任务和终极目标就是要通过直播把产品卖出去。这也就意味着"深谙人性"的销售定律对直播卖货同样适用。

说到这里,可能很多人又会发出这样的疑问:"深谙人性"的销售定律在直播卖货中具体应该如何体现呢?答案很简单:在实际的直播过程中，主播只需要按照以下 5 个步骤去操作，就能够真正掌握"深谙人性"的销售定律。

指出痛点或需求点

指出痛点或需求点是指提出可能正困扰着用户的话题或指出用户可能关心、渴望得到解决的问题。指出痛点主要有两大目的。

拉近与用户的距离

前面强调过，你指出的痛点或需求点应该是用户深受困扰的问题或者用户关心、渴望得到解决的问题，它会与用户产生千丝万缕的联系，这样能够让用户产生共鸣，从而拉近主播与屏幕对面的用户之间的关系。

为产品做铺垫

在直播中，主播最重要的任务就是通过直播把产品卖出去，所以主播在直播中所做的事情，所说的话，都应该围绕这个任务去进行。这也就意味着，当主播在指出痛点或需求点的时候，这一动作一定要和接下来要推销的产品产生一定的联系。换言之，主播指出的痛点或需求点，一定要为直播的产品做铺垫。

在指出产品痛点或需求点时，主播如何更好地达到以上两大目的呢？我的答案是：结合具体的消费场景。

比如，主播即将推荐的产品是一款防晒霜，而直播的季节刚好在夏季。我们都知道，对用户尤其是女性用户来说，在夏季，大家最关心的问题就是防晒。因此，主播就可以把"防晒"作为一个很好的开场话题，点出在夏季大家可能会遇到的防晒问题和防晒困惑。

当然，在这个过程中，主播也要注意不要让话题太沉重，最好能够以一种调侃或者抱怨的形式开始。例如，主播可以这样说："大家发现了吗，我今天是不是比平时黑了一点儿？昨天中午下楼去快递站拿了一趟快递就不幸晒黑了。作为一个一晒就变黑的人，夏天做好防晒真的是太重要了，根本不敢偷懒。"

总之，在指出痛点或需求点的时候，主播一定要结合具体的消费场景去做。同时要注意主播指出的痛点或需求点不必太深入，能够在直播间引起话题和共鸣即可。

放大痛点或需求点

在主播以轻松的方式指出了痛点或需求点，并通过这个痛点或需求点引起了直播观看用户的共鸣后，接下来主播就需要放大这个痛点或需求点了。在这个过程中，主播一定不要有所顾忌，而应该尽量全面地把痛点或需求点展现出来，把用户平时忽略掉的问题和隐患挖掘出来。

还是以上面的"防晒霜"为例，在主播提出了夏天需要防晒的需求点后，主播就要去具体阐述不做防晒可能会带来的危害。例如，主播可以这样说："真羡慕那些皮肤怎么晒也晒不黑的人，现在才刚刚入夏，想想还要晒好几个月的太阳，真的好心塞。而且，紫外线有很多危害，好可怕。"

提出解决方案

在放大痛点或需求点的过程中，主播其实已经把问题摆了出来，这个时候，用户在主播的带动下，也会发现这些问题确实是存在的。那么他们接下来肯定会想：这个问题该怎么避免或者怎么解决呢？

这就到了提出解决方案的时刻了，也就是说，主播要让用户明确一个观点，那就是主播接下来要推荐的产品可以有效地帮助他们解决可能遇到的问题。

比如，在第二步放大痛点或需求点中，主播强调了不防晒的危害，那么接下来，主播应该强调使用防晒霜可以有效地削减危害，即便用户在太阳底下暴晒，防晒霜也可以起到一定的作用。

在这一步需要注意的是，主播的主要任务是提出解决方案，即引入防晒霜可以帮助人们有效对抗紫外线的概念，而并不是推荐产品。推荐产品这一步要在主播引入了概念后再进行，因为只有通过这样的层层推进和层层铺垫，用户才能更好地被主播说服，从而更愿意接受主播推荐的产品。

在具体的操作上，主播可以这样说："不用我多说，大家也一定知道防晒是非常重要的。那么，在日常生活中，大家都是用什么方法防晒的呢？其实我自己的防晒方法还挺多的，比如，我出门会穿防晒衣，夏天如果没有特别的事情，我就会尽量待在室内，避免到室外。当然，最重要的防晒方式还是要抹防晒霜！这是我夏天护肤非常重要的一步，绝对不能忽略。"

引入推荐的产品，详细介绍产品

主播的直播一定是带着任务的，这个任务就是把产品卖出去。

通过前面三步，主播已经用一个比较"软"的方式阐述了防晒霜的重要性，做好了卖货铺垫，接下来，就到了卖货的"硬核"部分——强势引入推荐的产品，详细介绍产品。

在这一步中，主播需要对自己推销的产品进行详细的介绍，比如产品的品牌、产地、成分、优势、功效、原料、售后服务等。并且，在介绍的过程中，主播一定要突出产品特色，并从多个角度去增加产品本身的附加值，用价值去打动客户。

当然，在推荐产品的过程中，主播也可以根据产品的实际情况和自己的风格玩出不同的花样。比如，主播可以采用试吃、试穿、试用的方式，也可以将其他同类产品搬进直播间与自己推荐的产品进行对比等。

总之，在这个阶段考验的是主播对专业知识的掌握程度和主播本身的推销技巧。

降低用户的心理购买防线

在前文中，我无数次地强调过，直播卖货最大的一个优势就是它能够抓住直播间用户的消费"软肋"，为用户提供"物美价廉"的商品，这也是如今许多用户，尤其是女性用户爱看直播并且喜欢在直播间买东西的重要原因。

如今，在你打开任何一个直播间后，你会发现，在直播的过程中，主播总是会适时地推出一些优惠券，并兴奋地讲解一些渠道的优势和其独家享有的优惠，这其实就是主播在降低用户的心理购买防线。

以上便是直播间"深谙人性"的销售定律,相信掌握了这些,主播的带货能力一定会更上一层楼。

直播间的常用话术

熟悉销售的人都知道,从卖货的角度来说,销售人员要想把产品卖出去,就必须与客户进行交流。直播卖货也是一样,卖货主播如果想让进入直播间的用户购买产品,就必须掌握正确的话术,与用户进行有效沟通。

从直播的角度来说,直播本身就是一种互动性极强的社交方式,学会与屏幕对面的用户进行沟通、互动是主播的基本职业素养。

总之,无论是站在卖货的角度,还是站在直播的角度,掌握与用户的交流话术都是至关重要的。本节,我将从直播的开场白、直播中常用的两种交流话术、直播结束语三个层面,和大家一起来聊一聊直播间的常用话术。

直播的开场白

直播的开场白会留给用户深刻的印象。有统计数据,通常来说用户刚刚进入直播间的一分钟,是决定其是否继续留在直播间的重要时间段,而一个好的开场白就是一把打开用户观看欲望大门的钥匙,能够瞬间激发用户的观看欲望,让他们愿意留在你的直播间,并且好的开场白能够为主播接下来的卖货做好铺垫;相反,一个失败的开场白，则会为直播带来毁灭性的打击，让主播还未发力就满盘皆输。

对直播卖货而言，究竟什么样的开场白才能被称为好的开场白呢？要回答这个问题，我们不妨从直播开场白的三大要素说起。

直播开场白的三大要素

让用户产生代入感

在一个直播间内，会有形形色色的观看用户，这些用户又会分别处于不同的观看场景。比如，有的用户可能在公交车或者出租车上看直播，有的用户可能在家里看直播，有的用户则是在办公室看直播……

不管用户在怎样的观看场景，对主播而言，在直播开始后，其首要任务就是要利用开场白，在第一时间内让这些在不同环境下观看直播的用户产生带入感。

激发用户的观看兴趣

直播开始后，进入直播间的用户又可以分为两类：

一类是在看到了主播在直播前通过社群、微博、朋友圈、抖音等各个渠道发布的直播预告后进入到直播间的用户，这类用户也是相对固定的精准用户，他们一般在进入后，也不会轻易离开。

另一类则是在直播平台随意浏览时随机点开了直播间的用户。要想留住这类用户，主播就必须通过有趣、有料的开场白，激发用户的观看兴趣，让他们产生继续观看下去的欲望。

促进用户推荐

上文曾提到，在直播开始后，进入直播间的用户主要有两大类。但有的时候，即便主播把这两类用户都留下了，直播间还是会显得有些冷清。这时候，为了尽快炒热直播间气氛，主播就需要利用开场白去引导用户邀请自己的朋友加入直播间，让直播间的气氛持续火爆。

直播开场金句

通常，根据主播风格的不同，直播开场的方式也会有所区别。比如：有的主播口若悬河、字字珠玑，有的主播幽默风趣、逗乐搞笑，有的主播吹拉弹唱、样样精通……无论采用怎样的开场方式，只要用户喜欢就好。

开场方式虽然各式各样，但是其中也有"套路"可循。主播在设计开场白时，可以借鉴以下几类开场方式。

新人自我介绍

作为新手主播，开场存在缺陷与瑕疵不可避免，为了避免因失误导致粉丝流失，新手主播可以在开场时就给用户打好"预防针"，表达自己积极的态度。

"欢迎大家来到我的直播间，今天是我新手上路的第二天，我在努力前进，希望大家可以多多支持我！"

"我是一个直播新手，还有不少需要改进的地方，有做得不好的地方还请多多见谅！"

"我才刚刚开始直播，就能获得大家的关注，谢谢大家对我的包容，我会越来越好的！"

气氛调动

直播开场的核心目标是调动用户情绪，点燃直播间气氛。在进行开场时，主播可以积极热情地与用户进行互动，引导用户参与到直播中来。

"在直播间人数达到 1 000 人时，我们来一拨福利怎么样？"

"让我看看进入直播间的是新朋友多，还是老朋友多？刷刷评论让我看到你们吧！"

引导关注

粉丝关注度是决定直播间推荐度的关键指标，也是衡量主播价值的重要因素。在成功调动用户的互动热情后，主播可以趁热打铁，引导用户关注自己。

直播中常用的两种交流话术

主播在直播中和用户的交流也非常重要。在总结了 2019 年公司主播的直播情况后，我分析统计出了在一场直播中主播和用户最常做的两类互动，针对这两类互动，我也总结出了一些交流话术。

问答互动话术

在卖货直播的过程中，主播和用户最常做的第一种互动是问答互动：用户向主播提出各种各样的问题，主播对这些问题进行解答。

当然，针对不同类型的产品，用户提出的问题通常也不同。不过，这些问题归纳起来无外乎就是问价格、问是否适合自己等。以服装为例，根据我的统计，用户最关心的问题主要有 5 类，针对这 5 类问题，我也分别设计出了相应的回答话术。

"主播多高，多重？"

在直播中，一般当用户这样提问的时候，这就说明了两个问题：第一用户对这款产品是感兴趣的，有购买欲望的；第二用户没有看主播背后信息牌的习惯。

这时候，作为主播，你就可以这样回答：

"主播身高165cm，体重50kg，穿S码，小姐姐也可以看一下我身后的信息牌，感兴趣的话就下单吧，衣服上身效果真的不错，各种场合都能穿。"

"5号宝贝能试一下吗？"

当用户提出这类问题的时候，他们已经对产品产生了兴趣，但是内心还有一些挣扎，因此想看一下主播试穿的效果后再决定买不买。

这时候，主播就需要耐心地对用户进行引导，你可以这样回答："小姐姐，5号宝贝是吗？别急，主播马上试穿。"

"6号宝贝多少钱？"

当用户问出这样的问题时，说明他们已经心动了，只是需要再确认一下价格。而他们之所以要再确认一下价格，应该有两方面的原因：一是他们确实没有记住价格；二是在报价格的时候，他们可能还没来得及加入直播间，并没有听到主播报价格。

不管是上述哪种情况，在回答的时候，主播除了要告诉用户价格外，还要把优惠政策再强调一遍，比如，主播可以这样回答："小姐姐如果看中了6号宝贝，那么可以直接找客服，6号宝贝原价100元，直播间今天特惠价88元，报主播名字可以再领取10元优惠券，优惠后的价格是78元，左右滑动屏幕也可以看到各个宝贝的优惠信息，喜欢的话赶快下单，价格真的非常划算，买到就是赚到。"

主播之所以要再强调一遍优惠政策，是因为在这个阶段主播需要进一步瓦解用户的心理防线，打消用户的顾虑，给用户注入购买的"强心剂"，一般来说用户在听到这样的话术后都会选择购买。总之，提出这一类问题的用户都是最精准的购买用户，主播一定要认真对待。

"个子不高能穿吗？身体太胖能穿吗？"

如果我们认真分析这个问题，其实不难发现，用户问这个问题的目的就是想确认自己能不能穿，但关键是，在这个问题中，用户并没有给出自己实际的身高、体重信息。

面对这种情况，主播首先应该引导用户给出具体信息，比如，主播可以这样说："小姐姐，你具体的身高和体重是多少呢？主播要根据你的实际身高和体重帮你推荐。"

"主播怎么不理人，不回答我的问题？"

在用户提出这样的问题后，代表他们已经有情绪了，这时候主播一定要快速地捕捉用户的情绪，并尽快地安抚用户，否则，你的直播间就有可能永远失去这个用户。同时，用户的这种情绪还有可能"传染"给更多人，让更多的用户对你产生不好的印象。

面对这类问题，主播可以这样回答："小姐姐，不要生气，信息太多看漏了，没有不理你的意思。各位小姐姐，如果我没有及时看到你们的问题，可以多刷几遍，千万不要生气哦。"

以上我为大家整理了主播在直播间里经常会被用户提问的5类问题，这些问题的答案，也是主播在进入直播间前应该掌握的话术。

追单话术

在直播的过程中，主播和用户最常做的最后一种互动便是主播根据每一次优惠打折活动的时间和期限对用户进行"追单"。

在观看直播的过程中，很多用户会犹豫，拿不定主意，想要下单又有很多顾虑，这样就可能错过打折的机会，这时就需要主播使用追单话术，刺激用户下单。追单话术的核心是主播要向用户传递商品优惠力度大、商品数量少、商品供不应求等真实、有吸引力的信息。

以下我为大家归纳总结了直播间常用的几种追单话术，希望能够帮助到大家。

强调时间的紧迫

"只有今天这次机会。"

"这种力度的折扣仅限本次，错过了就没有机会了。"

强调名额的有限

"额满为止。"

"产品数量有限，如果看中了一定要及时下单，不然就抢不到啦！"

主动打折，刺激消费

"因上新货，老货 6 折。"

"超低折扣 5 折，物超所值，抢到就是赚到。"

强调时间的紧迫

"售完为止。"

"线上购买人数太多,我们会以收到款项的时间为准,下单慢了就没了!"

设置时间点,在集中的时间段制造声势

"优惠到 8 点结束。"

"这款产品的秒杀优惠只有 10 分钟,把握住机会哦。"

直播结束语

聊完了开场白和互动语术,最后我们再来聊一聊卖货直播的结束语。

在实际的直播卖货过程中,我发现,许多主播往往在开场和中间的互动交流部分都做得非常好,可到了结束的时候,通常主播会用一句表示感谢的话结束直播,这就处理得有些潦草。我想,这是主播没有意识到直播结束语的重要性导致的。

其实,对一场直播而言,结束语不仅意味着直播的结束,它还可以传递以下 4 种信息(如图 6-2 所示)。

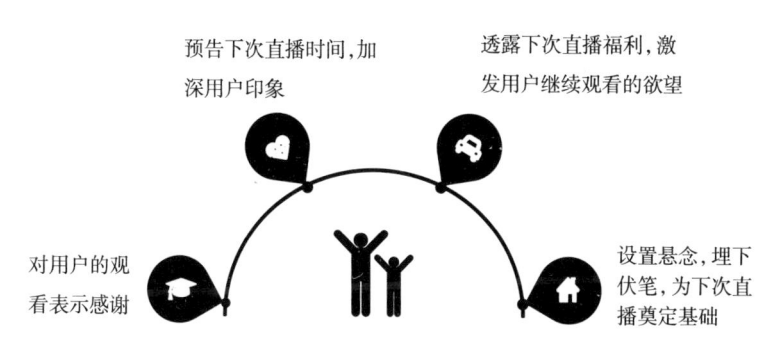

预告下次直播时间,加深用户印象

透露下次直播福利,激发用户继续观看的欲望

对用户的观看表示感谢

设置悬念,埋下伏笔,为下次直播奠定基础

图 6-2　直播结束语可以传递的 4 种信息

最后，我想强调的是，口才和沟通能力对卖货主播而言是非常重要的，这两种能力都不是天生的，但是可以通过后天的学习和训练去强化。卖货主播如果想让自己拥有更好的带货能力和与用户交流的能力，在直播间外就要多发现，多思考，勤练习。当然，除了训练自己的话术技巧和交流技巧外，主播还要锻炼自己的亲和力。

总之，在这世上没有卖不出去的产品，只有不会卖产品的人，尤其是在直播这块孕育了无数奇迹的土地上。

第 7 章

第 33~43 天 引流涨粉：
实现从 0 到 10 000 的观看量和涨粉量

抖音直播的带货能力是有目共睹的，这一能力正是基于直播创造出的巨大的优质流量池，若没有强大的粉丝基数做基础，带货直播就是"空中阁楼"，这也就意味着，如果想成为优秀的卖货主播，那么首先要掌握吸粉引流的技巧。

直播间流量的四大来源

在给新主播培训时，我经常会给大家举这样一个例子：直播是一个超级商场，每个直播间都是这个商场里的一个小商铺，而来来往往的流量就是逛商场的人，如果主播能想办法把这些人吸引到自己的小店，最好再让他们从小店买一点东西，这样卖货主播就成功了。

作为一间平凡的"小店"，怎样才能从成千上万家分布在"超级商场"的各个角落的"商铺"中脱颖而出,成为热门"小店",吸引更多的流量呢?相信这也是许多主播都很关心的话题。

而在解决引流问题之前,主播首先要做的就是确定流量的来源。归纳起来,直播间的流量主要有以下四大来源。

平台的流量扶持

在如今这个算法时代,几乎所有的平台对于新账号都有所偏爱,因此,不管是在抖音、快手还是淘宝中,所有的新主播在第一次开直播进行卖货时,都会得到平台的流量扶持,这也被称为"兜底流量"。

在现实的直播过程中,尽管我接触过的大多数新主播,对自己第一次直播的流量数据都不太满意,但毋庸置疑的是,如果没有平台扶持的兜底流量,其流量数据将会更难看。

以淘宝直播为例,淘宝直播对新人主播的兜底流量扶持期一般在 60 天左右,最长不会超过 90 天,兜底流量阈限下值为在场观(实时在线观看人数)500 左右,阈限上值在 10 000 附近。场观在 500 以下时,平台会无条件地补更多的新流量进直播间,流量扶持的前提是直播的时长不能太短。

抖音、快手等直播平台也十分强调对主播,尤其是新人主播的流量扶持,2019 年下半年,快手推出了"百万主播扶持计划,"抖音则启动了"黑马计划"。在"黑马计划"中,很重要的一点就是平台要为新直播创作者提供流量扶持。根据创作者的成长阶段,平台会制定相应的阶段性任务,助力创作者快速成长。

付费流量

付费流量主要针对淘宝平台,其是指主播通过钻石展位、超级推荐等付费方式将直播间挂到淘宝首页或者推荐位去展示,以获得流量。

目前,淘宝直播还处于一个红利期,淘宝对直播的流量扶持也是比较可观的,因此从我个人的角度来看,主播没必要花钱去拉流量。如果你决定了要花钱买流量,那么我的建议是,在买流量的同时,主播一定要做好直播间的规划,否则,盲目去推广只会赔了夫人又折兵。

免费流量

免费流量又分为站内流量和站外流量两大类。

其中,站内流量是指直播间系统推荐,以及账号或店铺之前积攒的粉丝。通常情况下,不管是做淘宝直播、抖音直播还是快手直播,如果主播站内本身的粉丝数量就很庞大,其做起直播来就会更容易,流量的转换率也会更高。比如,如今许多网红店的直播,几乎都是依靠前几年积累的庞大粉丝人群起家的。

站外流量即前文中我们提到的流量矩阵中的流量。

活动流量

熟悉直播的人都知道,直播平台常常会针对直播举办一些活动,给予主播额外的流量扶持,并通过活动帮助主播获得更多的流量,这些由平台举办活动带来的流量,就是所谓的活动流量。

严格来说，活动流量也属于免费流量的范畴。但是这份流量比较特殊，基数也较大，所以在此我把它单独拎出来介绍。

以淘宝直播为例，淘宝经常会举办一些活动并给予商家额外的直播流量扶持，比如，淘宝在每月 11 日，会举办真惠选活动；在每月 26 日会举办打榜活动，这一天也被称为淘宝的打榜日。

像这样的活动淘宝还有很多，直播主播只需要打开直播后台，点击后台左边栏的活动报名链接即可参与活动。

以上就是直播间流量的四大来源。当然，主播要想把自己的直播间打造成人气直播间，让自己的直播间吸引更多流量，达成更高的成交额，知晓流量的来源只是第一步，关键还要学会运营，懂得如何去获取流量。从下一节开始，我将为大家详细介绍直播间引流的具体操作方法。

把公域流量转化为私域流量

直播卖货的底层逻辑是获取流量，流量在哪里，销量就在哪里。没有流量，产品再好，主播再厉害，直播策划再完美，一切也都是空谈。

那么，流量从何而来？如何让流量产生最大价值呢？

关于这两个问题，我的回答都是：把公域流量转化为私域流量。这是因为，如果你也是站在时代风口的有心人，那么你一定会发现：在 2019 年，私域流量已经成为当下的热词和新的趋势。

私域流量是什么？

在回答这一问题之前，我们不妨先来了解一下什么是流量池。顾名思义，流量池就是指拥有巨大流量，可以源源不断地获取客户的渠道，淘宝、百度、抖音、微博等都是流量池。

根据流量池属性的不同，我们又可以将流量分为公域流量和私域流量两大类。

公域流量，顾名思义就是各大流量平台上的公共流量，它是大家共享的，不属于某个企业、品牌或个人，如果我们想要获取公域流量，就必须花钱去买。公域流量的范围很广，比如，前面我提到的淘宝、百度、抖音、微博，以及大众点评、美团、58同城等地域服务性质平台上的流量等，都属于这一类流量。

与公域流量相对应的便是私域流量。简单来说，私域流量是指企业、品牌或个人私有的流量池把平台上的流量引进来并存储起来，变成自己的流量。比如，一些通过微信朋友圈分享进入直播间的用户、在观看淘宝直播后进入店铺群的粉丝等，就属于私域流量。

为什么要把公域流量转化成私域流量？

据统计，如今我国有近10亿互联网用户，这些用户平均每天在线时间接近5个小时，他们在网上社交、购物、追剧、打游戏、看视频，这些平台每天都会产生难以估量的流量。如果我们把互联网想象成漫无边际的汪洋大海，那么那些徜徉在互联网世界中的互联网用户就是在大海中自在畅游的"鱼"，所有人都可以凭本事去捕捞这些"鱼",或者花钱雇人捕捞,随着捕鱼的人越来越多,捕鱼的成本也越来越高。

按照这样的理论,把公域流量转化成私域流量的过程,实际上就是借助一定的方法,把生活在大海中的"鱼"引入自家池塘进行饲养的过程。

显然,相较于在汪洋大海中畅游,正被越来越多的人捕捞的"鱼",养在自家池塘中的"鱼"无论是捕捞成本,还是管理成本都更低,且更便于亲密接触,培养感情,产生信任。总结起来,相较于公域流量,私域流量主要具有五大优势(如图7-1所示)。

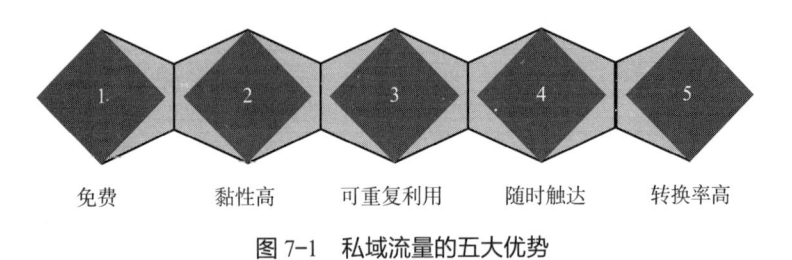

1	2	3	4	5
免费	黏性高	可重复利用	随时触达	转换率高

图 7-1 私域流量的五大优势

从上图中我们不难看出,通过沉淀和积累获得的私域流量,是比公域流量更精准、转换率更高的优质流量,它是企业、品牌或个人的私有数字化资产。

在进行直播带货的过程中,如果能够巧妙地使用技巧和策略,将公域流量池中的流量引入自己的私域流量池,那么主播就拥有了更强的带货能力。并且,因为主播摆脱了第三方平台的束缚,并把各个渠道的流量完全整合起来,最终将流量掌握在自己手中,主播获取流量的成本也将大大降低。

这也是我强调在解决直播带货的流量问题时，一定要注重积累私域流量的根本原因。

如何将公域流量转化成私域流量？

养在自家鱼塘的鱼固然好，但前提是，主播得想办法把畅游在汪洋大海中的鱼捕捉到自己的鱼塘里。

在这一点上，下面案例中的主播就为我们做出了很好的示范。

【案例分享：淘宝直播打通私域流量，引爆成交】

小提琴老师小米经营着一家卖乐器的淘宝小店，为了提高店铺销量，年轻时尚的小米选择了"微信引流+直播带货"的打法。

首先，她充分发挥自己的特长，专门建立了一个学琴的微信群，将一些已经在店铺内成交和有购买意愿的用户成功引流到这个微信群。与此同时，她也在自己的微博、抖音、小红书和朋友圈上发布了免费教琴的信息，将各大平台上有意学琴的用户吸引到自己建立的微信群中。

在有了一定的流量基础并通过在微信群发布教学视频帮学员养成学琴习惯后，小米开通了自己的直播账号，开始进行直播教学，她直播的脚本非常简单：弹一首曲子，教一套指法，介绍产品，再弹一首曲子，教一套指法，介绍产品，如此重复。

因为在前期积累了大量的私域流量，小米的每场直播都人气爆棚，而这些观看直播的用户，大部分都是有购买需求的精准客户，再加上直播特有的带货魅力，小米的每一场直播都会引爆成交，她的淘宝店销量也迅速上升，很快就升级了。

对直播带货而言，流量很重要，流量的转化率更加重要。尤其是对那些刚开始尝试通过直播去卖货的主播而言，如何获取高转化率的流量更是亟待解决的第一道难题。而在这一点上，小米就为我们做出了很好的示范。

通过建立微信社群，在正式开始直播卖货前，小米就积累了一大批忠实粉丝，成功将公域流量转化成了有购买意向、高转化率的私域流量。这关键的一步，也为她后来的直播带货打下了坚实基础。

这种通过将QQ、微博、微信、抖音、小红书、蘑菇街等具备连接价值、用户重点关注的自媒体平台充分利用起来，构建自媒体矩阵、建立社群、打造个人IP、积累忠实粉丝的做法，也是将公域流量转化成私域流量的常规做法。

其实，从表面上看，互联网上似乎有无数个流量渠道，目标用户分散在其中，主播似乎很难积累私域流量。但实际情况并没有这么复杂，因为90%的用户都聚集在最常见的那几个渠道中，比如微信、微博、百度、淘宝、京东、抖音、拼多多、美团等。因此，主播在建立自己的私域流量池时，只需要抓住几个主要渠道，并利用这些渠道的特点和规则，构建自媒体矩阵，建立社群，打造个人

IP，成功引流就可以了。

需要注意的是，在采用这种方式积累私域流量时，主播一定要对自己有精准的定位，并且这个定位一定要符合自己接下来要带货的产品属性。只有这样，主播积累的私域流量才会具有更高的转化率、更有价值。

最后我想强调的是，建立私域流量并不是一件一劳永逸的事，引流到自家池塘的鱼也随时有可能逃走。要想避免私域流量的流失和枯竭，主播在稳定引流的同时，还要持续不断地向用户输出价值，不断地与用户互动，同用户建立起牢固的信任关系。

建立引流矩阵，从各个平台获取公域流量

在上文中，我强调了解决直播流量问题的第一大技巧，就是把公域流量转化成私域流量。的确，相比于面广、难控、成本高的公域流量，免费、转化率高的私域流量更有优势，但这并不代表公域流量就没有价值，相反，对直播卖货而言，公域流量同样至关重要且必不可少。

俗话说："不管是黑猫、白猫，能抓到老鼠的就是好猫。"把这句话运用到直播卖货上就变成了："不管是私域流量还是公域流量，能带来流量红利的就是好流量。"

作为直播主播，如何才能从各大公域流量平台上获取流量呢？结合我自己的实战经验，我认为获得流量最好的方式应该是建立引流矩阵。

所谓引流矩阵，简单来说，就是主播选择在一些具有影响力的社交媒体平台上注册账号，并通过运营这些账号来吸粉引流，由这些社交媒体组成的矩阵，就被称为引流矩阵。

确定流量矩阵平台

在建立流量矩阵之前，主播首先要确定加入流量矩阵的社交媒体平台，通俗来说，就是你打算从哪几个流量平台上去获取流量。在确定了引流矩阵后，你还需要根据不同流量平台的不同特征去运营。

为了方便大家选择，以下我将为大家列举一些目前最主流、用户相对较多的社交媒体渠道和流量平台，以及这些流量渠道平台的相关运营注意事项。

以抖音、快手为代表的短视频平台

从 2017 年下半年开始，短视频以迅雷不及掩耳之势迅速风靡全国，成为迅速吸粉的流量汇聚高地。如今无论是在微信朋友圈、QQ 空间这样的线上社交场合，还是在奶茶店、地铁站、公交车等公共场合，我们几乎都能看到短视频的身影。越来越多的人把刷抖音当成消磨无聊时光的首选。

除其自身引流能力强大外，这些短视频平台本身就兼具直播功能。因此，主播要想打造引流矩阵，收割流量红利，以抖音、快手为代表的短视频平台应该是首选。

和文字图片内容相比，制作短视频的难度更高，因此主播在运营短视频账号时，要注意以下几点。

迎合用户喜好

不同视频平台的主要用户群体不同，用户的喜好也不同。比如，抖音平台的用户主要为 35 岁以下的年轻人群体，而哔哩哔哩平台的用户则以二次元文化爱好者为主。在不同的短视频渠道运营账号时，主播一定要考虑平台用户的喜好。

研究平台的规则和推荐算法

我们在运营视频平台时，要多多研究平台的规则和推荐算法，还要多多研究热门视频，看看哪些标签和话题能为视频带来更大的曝光量，以及哪些内容能获得更多的推荐流量。此外，借助社会热点也是一个获得更大曝光量的机会。

持之以恒地输出内容

无论在哪个平台，持之以恒地输出内容都是十分重要的。但是，视频平台的娱乐化程度更高，粉丝的注意力也更容易被分散，所以我们必须持续输出优质内容，这样才能长期吸引粉丝的注意，提升我们和粉丝之间的黏性。papi 酱的视频也不是一开始就成为"爆款"的，而是其在持续输出的过程中不断调整策略，积累人气，最后爆发成为超级网红。

积极互动

除了视频内容，主播和粉丝的互动同样重要，除了在评论区互动之外，我们还可以建立社群，接受更多来自粉丝的直接反馈。

微信

微信公众号是引流绕不开的话题，目前，它仍然是人们使用率最高的社交媒体平台。微信公众号的优点很多，这里我就不一一介绍了，只围绕内容来谈谈微信公众号的几个运营要点。

控制字数

考虑到手机屏幕的大小和人们碎片化的阅读习惯，一篇公众号的字数应该控制在 2 000 字左右，内容也不应该过于深奥，要让读者能在轻松的状态下阅读。

灵活运用多种内容形式

公众号可以呈现多种形式的内容，如文章、漫画、语音、短视频等，这些内容可以满足不同用户的需求。比如罗辑思维的公众号里就有文字、语音等多种不同的内容形式。

对内容二次加工

在创作公众号内容时，我们可以运用二次加工的方法，对已有的内容进行整合和重塑，这种方法可以让我们在短时间内产出一篇新的内容。如图 7-2 所示，我们可以从以下三大切入点来对内容进行二次加工。

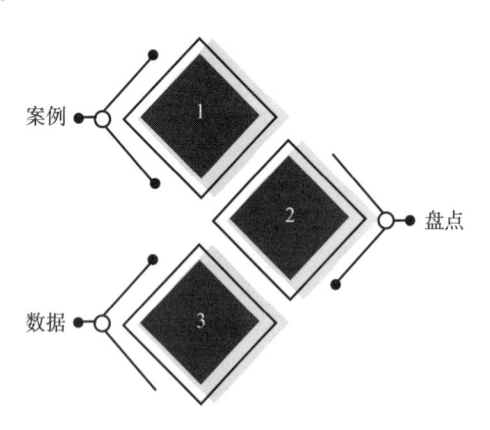

图 7-2　对内容进行二次加工的三大切入点

微博

微博具有传播范围广、互动性强的特点,如今它依然是各大品牌和机构的首选网络传播平台。在微博的运营中,我们要保证内容的可持续性,还要运用一些技巧,让自己的内容脱颖而出。

与意见领袖互动

除了每天更新粉丝喜欢的内容外,我们还要多多与意见领袖互动,经常在热门微博下评论和点赞,有时候一条别出心裁的评论也能让我们成为大家关注的焦点。

学会讲故事

微博是最适合传播品牌故事的渠道,海底捞在这一点上就做得非常好,它的每条微博都在讲述有关服务品质的故事,并且故事内容能够引起众多顾客的共鸣。通过微博上的故事,海底捞让自己的高品质服务变得深入人心。

善用微博话题

在微博中带上热门话题的标签,可以让更多人看到我们的内容。主播也可以自己独创话题标签,把相关的内容集中起来,粉丝可以通过话题标签更快捷地搜索内容。

分享行业资讯

我们可以在微博上分享行业资讯,让感兴趣的粉丝更快地了解到最新动态。有些行业的活动是粉丝不能够亲自参加的,我们的微博就可以变成粉丝了解活动动态的窗口。

问答类平台

在问答类平台上,用回答问题的方式来推广内容,也是一个很重要的方式。目前，比较主流的问答类平台有百度知道、知乎、得到等。2018年知乎的注册用户就已超过7 000万，月活人次高达3亿，问答类平台已经越来越受到内容创作者的重视。

我们在问答类平台上发布内容时，应该注意以下几点。

找到合适的问题

我们要找到与自己类型相符的问题来回答，不要"强答"。在问答类平台上，"强答"的行为会引起用户的反感。我们回答问题的目的一方面是解决用户的问题，另一方面是塑造自己的形象和口碑，所以我们回答的问题都必须与我们的核心内容领域相关。

答题不忘引流

我们在回答完问题后，一定不要忘记引流，我们可以留下自己的微博号或微信公众号，并引导平台用户关注。如果没有引流的步骤，我们前面回答问题就是在做无用功。

自问自答

在问答类平台上我们还可以自问自答，我们可以提一个与自己内容相关的问题，然后回答。为了给问题增加热度，我们还可以邀请大V答题。

其他自媒体号

还有很多其他自媒体号可以作为我们的内容推广渠道，比如企鹅号、百家号、头条号、简书等。不过，因为开放注册的关系，这些自媒体号客户端上的内容良莠不齐，我们如果想要在其中脱颖而出，就要掌握好内容的质量和尺度，用专业可信的形象获取粉丝的信任。

百家号、搜狐号、钛媒体这类自媒体账号的搜索权重比较大，粉丝在搜索引擎上搜索相关内容时，很容易搜到他们关注的内容，所以如果我们希望粉丝能通过搜索引擎找到我们，就要开通类似权重比较大的自媒体号。

建立流量矩阵的相关注意事项

在了解了目前 5 类影响力最大、用户和粉丝量最多的公域流量平台后，主播在对这些流量平台做出选择，确定将哪些平台纳入自己的流量矩阵中去时，还应该注意以下两点。

根据实际情况确定矩阵阵营

在实际的运营过程中，以上提到的每一类流量平台都有其专属的运营方案和运营特点。我的建议是，主播在建立属于自己的流量矩阵时，并不需要覆盖以上所有的流量平台，毕竟人的精力和时间都是有限的，如果因为运营内容过多导致引流质量下降就得不偿失了，最佳的方式是根据自己的实际情况，选择其中的几个平台即可。

基于卖货和直播去做平台运营

主播有两大任务：一是直播，二是卖货。主播打造属于自己的流量矩阵，目的就是引流吸粉，为直播和卖货奠定粉丝基础。这就意味着，主播的流量矩阵里的所有平台的运营都必须基于卖货和直播。

在这个前提下，我认为主播要做到以下三点。

- 打造统一的人设

主播在每个流量平台的昵称、定位、内容都应该保持一致。

• 同步发步

当有重要内容需要发布时，比如产品的预热宣传，主播最好保证所有平台都同步发布。

• 关联直播间

主播要定期在各大平台上宣传自己的直播时间、直播地址。尤其是在进行直播的前几天，主播一定要在各大平台上预热，进行预告。

评论区引流法

在看直播的过程中，不知道大家是否也和我有一样的习惯：除了会关注直播本身外，还会关注直播间的那些评论。有时候，评论或留言本身可能比直播本身更好玩、更有料、更让人回味无穷。而当评论区出现了其他主播的直播信息时，如果这个主播的留言或评论足够吸引人或者很符合自己的口味，我就会顺势进入这个主播的直播间。

这个大多数用户在看直播时都有的习惯，也暗含了一个重要的引流方法：评论区引流法。

具体来说，评论区引流法是指主播在运营直播账号的过程中，找到一些跟自己定位类似、粉丝众多的"头部主播"的直播间，然后在这些直播间内留言，利用自己的留言去吸引粉丝。

对主播而言，评论区引流是一种既简单、又高效的引流方法。

如果说前面介绍的把公域流量转化成私域流量和矩阵引流法都需要借助其他平台去引流,那么评论区引流便是仅立足于直播平台就可以实现快速引流的高效引流法。

有效涨粉的五大技巧

说完了引流,再来说涨粉。在介绍具体的涨粉技巧之前,我想首先请大家思考一个问题:直播间粉丝对直播卖货来说意味着什么呢?

关于这个问题,我认为可以从两个层面去理解:首先,直播间粉丝是决定一场直播成功与否的重要基因,在直播进行的过程中,直播间吸引的粉丝越多,就代表直播越火爆;其次,直播间粉丝是决定带货量的根本因素,从本质上来说,那些通过直播卖出去的货,大部分都是被直播间粉丝买走的。

这也就意味着,一旦主播决定要做直播卖货,如何涨粉就是其不得不思考的问题。主播如何才能快速涨粉,实现从 0 个到 10 000 个粉丝关注呢?

本节,我将和大家分享有效涨粉的五大技巧。

打造强烈的个人风格

其实提到主播,许多人脑海中的第一反应就是高颜值。不可否认的是,高颜值确实是主播的加分项。人都是视觉动物,这也就造成了在直播中,长得好看且具有亲和力的主播占有先天优势,其能在第一时间获得直播间用户的关注。

不过，高颜值也绝不是直播的必备项，毕竟，相较于过去的秀场直播和娱乐主播，主播的直播任务已经发生了根本性转变。根据我自己的经验，相较于颜值，个人特色和互动能力对电商主播而言更为重要。

因此，如果你样貌普通，也不必气馁，只要你有鲜明的个人风格、优秀流畅的表达能力，有"有趣的灵魂"和足够吸引人的特质，那么你同样可以吸引粉丝的关注。

如今，随着直播卖货的风靡，越来越多的人选择加入直播的队伍，其中许多人的人气毫不逊色于高颜值主播。他们身上最显著的一个特点就是互动感特别强。

重视直播内容

熟悉直播的人都知道，通常，新手主播在频道内浮现的概率是非常小的，而只有在新手主播能够保持一定的直播频次，并做到内容的不断优化升级之后，系统才会给其分配更多的用户。在这之前，粉丝的累积几乎都要依靠主播的个人力量，因此，直播内容就变得尤为重要。

在过去的一年中，我们培养了许多优秀的主播，我们在对这些主播的直播情况进行认真分析后发现，他们的直播有一个共同的特点：在直播时，他们不是在单纯地卖货或枯燥地宣讲，而是同用户分享生活，分享"干货"等。这一共同的特点也是他们的直播深受直播间用户喜欢的最重要原因之一。

在这个内容为王的泛娱乐时代，人的注意力是很容易被分散的,而好的直播内容,就是重新聚拢消费者注意力,成功吸粉的最佳利器。当然,优质的直播内容也不是一天练成的,需要主播在直播中长期积累经验。

固定直播时间

除内容外,固定的直播时间也是主播吸粉的关键。这是因为,固定的直播时间,能够有效培养直播用户的观看习惯,让用户一到直播的时间,就有意识地去观看,从而培养直播用户黏性。

固定直播时间又涉及两个问题。

确定直播次数

我的建议是,初次开直播的主播可以尽量将自己的直播次数固定在每周三次及以上。比如,你可以选择周一、周三、周五直播,且每次直播不要少于两个小时。这是因为,如今不管你选择在哪个平台直播,要想更多地获得流量加权,都需要达到平台规定的直播时间。比如,淘宝直播平台就规定,如果主播在一周内的直播天数能达到 5 天以上,就可以获得直播浮现加权。而根据我自己的实战经验,除保证一周内的直播次数之外,每次的直播时间还要达到两个小时以上,这样才能慢慢累积直播间人气。

确定直播时间段

在直播时间段的选择上,主播可以在以下时间段中选择任意一个。

晚上 7 点到 8 点

目前,大多数的主播都会把自己的直播时间定在晚上 7 点到 8

点，这是因为，大多数人在辛苦了一天后，都会在这一时间段放松下来，花时间去上网、刷手机，这时正是直播的最佳时间。

所以，如果你是初次进行直播的直播新手，那么你不妨把自己的直播时间固定在晚上 7 点到 8 点之间。

早上和午夜

这个时间段，是专门针对新人而言的，我给出这个建议的理由是在早上和午夜直播的主播较少，因此在这时直播有利于一些新主播去冲榜和积累人气。

做好互动

涨粉的第四个有效技巧是做好互动，互动是展示主播个人风格的最好的途径。

不管是因为喜欢你的人设，还是无意间点进，只要用户进入了你的直播间，你就已经开了个好头，完成了吸粉的关键第一步。接下来，你需要做的就是要想方设法地黏住用户，让他们持续地喜欢你，参与你的直播。这个过程也是考验主播与用户互动能力的关键时刻。

根据我的经验，主播在进行卖货直播的过程中，需要注意以下三点。

亲身示范

亲身示范就是指在直播的过程中，主播亲自去使用这个产品。比如，如果主播是卖衣服的，那么主播可以试穿；如果主播是卖吃的，那么主播可以试吃；如果主播是卖产品的，那么主播可以先试用……

在所有的互动方式中,亲身示范是最简单,也是最常见的一种,绝大多数的主播在进行直播卖货时,都会采用这种互动方式,比如,李佳琦就是从试口红开始的。

注重表情和动作

丰富的表情和动作也是主播在直播中与用户进行互动的一个重要途径。主播在与用户进行互动时,可以尽量让自己的表情更丰富、更生动,同时多做一些小手势、小动作,这些小细节不仅可以刺激感官,而且能有效拉近主播与用户之间的距离。

多分享

在做卖货直播时,有的主播经常会同用户分享自己的生活和经历,这样做的好处是能迅速拉近用户与自己的距离,从而让用户产生一种亲近感。这一方法让许多主播成功获得了众多直播用户的追捧,比如薇娅。

根据我自己的经验,在做卖货直播互动时,主播一定要明确一个观念,那就是越是生活化的东西,越容易让别人接受,主播适当讲一些自己的亲身经历和实际感受,分享一些自己的生活,直播用户会觉得主播更真实,也会更愿意信任并接近主播。

做好站外运营

以上提到的 4 个涨粉技巧,都属于站内运营的范围。对主播来说,除了要重视站内运营,站外运营也不容忽视,尤其是对新手主播而言,站外运营更是其吸粉的绝佳路径。

如何做站外运营呢?根据我自己的实战经验,我认为站外运营的核心在于"分享"二字，具体来说，"分享"的途径主要有以下三种。

微博、小红书等分享平台

在直播之前，主播可以将自己的直播预告首先分享到自己的各个平台上，比如微博、小红书等，通过这种预热吸引更多的人。通常，这些因为看到了直播预告而进入直播间的用户，黏性会更强。

在进行直播的过程中，主播也可以多分享几次自己的直播间地址，使更多用户围观你的直播间，并且转化成你的直播粉丝。

微信

微信有两个分享入口：一是朋友圈，二是微信群。微信群，也就是我们常说的社群，其要有一定的消费需求。如果加入主播所在的微信群的用户与主播在直播中所卖产品的受众没有直接的联系，那么即便主播将商品分享到了微信群，效果也不会太好。当然，如果主播直播的内容刚好和微信群的需求相对应，主播就不必有这种顾虑了。

此外要强调的是，主播如果想要达到更好的吸粉效果，那么其在使用微信两个不同分享入口时所采用的分享方式也应该不同，根据我的经验，朋友圈更适合二维码的分享方式，这样感兴趣的朋友在看到主播的分享后，他们只需要在手机中保存主播分享的二维码，扫一扫就可以进入直播间了。

在微信群中主播则更适合直接抛口令或者发进入链接。这样有需要的群友，只要在群内点击链接就可以直接观看直播了。

区域性生活论坛

在这里，我之所以要强调"区域性生活论坛"而不是商家端的论坛是因为，根据我的经验，商家端的论坛的吸粉能力往往较低，而消费者端的论坛才更适合达人端的内容属性，吸粉力也更强。

以上分享的直播卖货有效涨粉的五大技巧，希望能够帮助到大家。

提升直播人气的七大技巧

用户对直播很重要，而用户在直播中的表现，即直播的人气则更为重要。

试想一下，当主播辛辛苦苦准备了一场直播，观看的用户却寥寥无几时，主播会不会觉得很失望呢？更糟糕的是，在直播的过程中，当主播卖力地去宣传产品、与用户互动时，直播间的气氛却始终冷冷清清，隔着手机屏幕都能感到尴尬，更别提带货了，主播的失望里是不是又会加上一份忧虑呢？

一场带货量超高的直播，一定要有热烈的人气做加持，人气越旺，说明用户的参与度越高；用户参与越高，他们购买的概率就会越大。

那么作为直播主播，如何才能炒热直播间气氛，提升直播人气，让卖货直播真正发挥带货功能呢？以下七大技巧或许能够帮助到主播。

展示幽默

在现实生活中，拉近人与人之间关系最有力的方式之一就是展示幽默，相信大部分人都很难拒绝有幽默感的人。同样的道理，在一场卖货直播中，最能够拉近主播与粉丝距离的便是主播的幽默。

因此，要想炒热直播间氛围、提升直播人气、带动卖货，在和粉丝互动的过程中，主播不妨多展现自己幽默的一面。比如，讲一些笑话，说一些段子，或者做一些夸张、好玩的动作等。

在这个过程中，主播如果本身不是幽默搞怪的人，那么可以提前做些准备，搜集热门的搞笑段子，建立段子库。在与用户互动时，主播挑选出自己觉得最适合的段子与用户互动，这样能够有效增进自己与用户的感情。

感谢粉丝

除幽默外，让人无法拒绝和心生欢喜的还有感谢。

在进行卖货直播的过程中，有的用户为了表达对主播的喜欢会主动刷礼物，或者送上由衷的赞美。此时，主播如果主动向用户表达感谢，用户就会觉得主播有礼貌、懂感恩，从而加深对主播的好感。好感一旦产生，信任感就会随之而来，在用户信任了主播后，主播推的产品，才更能够被用户接受。

尤其是对那些被主播点名感谢的用户而言，他们的黏性和购买概率往往会更高。

说到这里，可能有人会问：如果没有用户送礼物或表示夸赞，这一招是不是就不适用了呢？

对此，我的答案是否定的。机会都是留给有准备的人的，如果没有机会，主播就要学会去创造机会。同样的道理，如果没有人表示赞美感谢，主播就要创造机会让用户赞美自己，感谢自己。

比如，主播可以这样说：

"今天带给大家的产品，大家觉得怎么样啊？求点赞！"

"这个价格可是好不容易争取到的呢，快夸我！"

……

当主播运用一些这样的暗示，去委婉地提醒用户关注自己、与自己互动时，直播间的气氛往往会被快速炒热。

发红包

如今，几乎人人都会有家族微信群，我也一样。平常，这个一直躺在我微信里，似乎无话可聊的群总是很冷清，但是逢年过节，群里的亲人就会以发红包的方式表达对彼此的问候和祝福，而在红包的刺激下，群里的氛围一下就活跃了起来。

事实上，做卖货直播也是同样的道理，只不过，在微信群里，红包刺激的是群里的朋友，而在直播间里，红包刺激的是彼此可能并不认识的用户。但不管是相互认识的亲人、朋友，还是互不相识的直播间用户，谁又能抵挡得住抢红包的乐趣和魅力呢？

从这个角度来说，在直播卖货的过程中，主播如果感觉直播间的氛围比较冷清，需要一个炒热气氛、带动话题、激发用户参与积极性的工具，红包就是最好的选择。

具体来说，在发红包时，主播最好采用不定时发红包的策略。这样一来，由于直播间的用户并不清楚红包的发放时间，为了得到红包，他们会一直待在直播间里，这样能够有效延长用户的观看时间，提高直播的完播率。

此外，作为"小白"，如果你决定在直播过程中给用户发红包，那么，在直播开始之前，你首先需要准备 1 000 元红包或者在平台充 10 万虚拟币，发红包的方式可以选择通过支付宝口令送红包，也可以选择在直播间送虚拟货币红包，或者二者组合使用。

我们在培养新人主播的时候曾做过统计，对一个主播新人而言，如果主播采用红包的玩法，那么其第一天的场观肯定超过 1 000，有时，达到 2 000 也不是难事，转粉率差的有 5%，好的能达到 15%，如果按平均值 10% 计算，新人主播在第一天就可以积累 100~200 个粉丝。

这个数据也进一步说明了主播通过发红包的方式提升直播间的人气是非常有效的。

抽奖

抽奖也是提升直播间人气的有效方法。抽奖的方法有很多，目前主播使用最多、也是最常规的方式应该是截屏抽奖，即主播随机抽选一位观看直播的用户，给予这位用户一定的奖励。除这种常规方法外，主播也可以结合自己的实际经验、平台特性和功能等，开动脑筋，设计一些更有效的高级抽奖玩法。

秒杀

熟悉直播的人对于秒杀一定不会陌生，这是主播在进行直播卖货时经常会使用的方法之一，也是提升直播间人气的最有效方式之一。

秒杀涨粉功能显著，这其实很好理解，谁会不喜欢好产品和好福利呢？当然，秒杀的玩法也很多，比如主播可以提供优惠券、限时优惠价等。

这里需要注意的是，不管是哪种形式的秒杀，既然想通过"优惠"去吸引用户，通过"让利"让用户尖叫，那么直播间的优惠和让利必须是真实的。如果直播间秒杀的价格，和商品之前或之后卖的价格没有什么区别，秒杀也就失去了存在的意义。更糟糕的是，它还可能会让主播在用户心中的形象大打折扣。

对那些初次直播的主播而言，我十分推荐秒杀。尽管从某种程度上来说，秒杀可能会让主播失去利润空间，但是作为新人，比起产品利润，主播更重要的任务应该是先让用户留在直播间，并且从直播间买单。而秒杀，就是帮助主播完成这一步的有效方式。

明星造势

如今，邀请明星到直播间带货已经成为时下最流行的直播卖货形式。所以在一些卖货主播的直播中，我们经常会看见明星的身影。比如，2019 年，李佳琦在进行直播时，就曾邀请过包括韩红、胡歌、朱亚文、林更新在内的许多明星到直播间助阵。并且，但凡是有明星加入的直播，人气都会有所突破。

除邀请明星助阵外，如今，许多明星也已经加入了直播的阵营，成为主播大军中的一员，比如李湘、刘涛等。

有着高关注度和个人号召力的明星自身就是流量的中心，当主播自身所带的流量和明星的流量结合在一起时，它们就会产生神奇的效应，产生更强大、转化率更高的流量。

所以，如果主播想让直播间热度上涨，借助明星的流量来造势是最简单粗暴的方式。当然，对大多数新人主播而言，要想争取到与明星合作的机会还是比较困难的。这里只是提供一种可操作的方式，具体能不能成功，还要视主播自身的情况来定。

积极引导

在直播的过程中，为了提升直播间人气，主播还要积极地引导用户。主播可不要小瞧引导的力量，它在直播中有着至关重要的地位。

具体来说，在直播的过程中，主播可以从以下4个方面对用户进行引导（如图7-3所示）。

引导用户关注直播间以及店铺　　引导用户点赞　　引导用户增加互动的频率　　引导用户评论，并主动回答用户的评论

图7-3　引导的4个方面

相比于传统的电商形式，直播卖货最大的优势在于其具有很好的互动性和娱乐性。对一场卖货直播而言，如果主播连直播间的气氛都炒不起来，又如何能把产品推销出去呢？从这个角度来说，提升直播间的人气是主播的责任所在。以上提到的7个直播间人气提升技巧，希望能够帮助到大家。

第 8 章

第 44~54 天 产品选择：选对产品，直播卖到爆

不管零售行业如何变革，营销方式如何升级，"人、货、场"都是永恒不变的营销三要素。其中，"货"尤其重要。从某种程度而言，选品的成功，间接地决定了一场卖货直播的成功；同理，选品的失败，也必然会导致卖货直播的失败。

选品，直播卖到爆的基础

在淘客圈有这样一句话："产品选得好，别墅买得早。"在亚马逊运营中也有这样一个共识："七分靠产品，三分靠运营。"由此我们可以看出，对营销而言，产品的选择非常关键，产品选择得合适，营销事半功倍，反之，产品选得不合适，主播团队在其他方面做得再好，产品的销量也可能大打折扣，直播带货尤其如此。

选品不当,当心直播间沦为"灾难现场"

如今,直播卖货的火爆程度是有目共睹的,但在火爆的背后,主播也需要静下心来认真思考这样一个问题:直播卖货真的适合所有品类的产品吗?

答案显然是否定的。直播卖货的包容性的确很强,但这并不意味着主播带到直播间的所有货品都能有很好的销量,即便是再牛的主播,如果选品不对,也会有带不动的可能。

以李佳琦为例,某一次,李佳琦在直播中向用户推荐男士护肤品,并安利直播间的女孩买给自己的男朋友或者弟弟。一场直播结束,男士护肤品的销售成绩却不甚理想,2 000组产品最后只卖出了1 200组。

事后,有人调侃李佳琦的这次直播说:"10 000个李佳琦,也说不动一个'直男'。"由此可见,选择适合主播定位的产品,并将其带到直播间,对直播间而言至关重要。

除了选择的产品不符合主播定位而造成的销量不佳外,直播团队如果因为不够谨慎而错误地选择了质量不过关或者有瑕疵的产品,那么这也会对直播卖货造成巨大的伤害。

还是以李佳琦为例,在某次直播中,"口红一哥"李佳琦卖起了不粘锅,令他没有想到的是,这款号称"既便宜又实用的不粘锅",在直播中上演了一出"煎蛋粘锅"的戏码。

在事情发生后,李佳琦的直播受到了不小的负面影响,尽管在直播结束后,李佳琦亲自救场及时进行了危机处理,在一定程度上削减了负面影响,但这一事件仍然引发了一些网友对其此前直播推荐过的产品的吐槽。

应该说，作为直播卖货界当之无愧的一哥，在直播卖货的过程中，李佳琦的确给直播间的用户带来了许多物美价廉的产品，这也正是其直播间火爆的根本原因之一。回到那次"不粘锅事件"，相信不管是李佳琦本人，还是李佳琦的团队，都没有欺瞒粉丝的意图，而问题之所以会出现，还是在于其团队在选品过程中存在疏忽。

如今，我们生活在一个信息越来越透明、行业竞争越来越大的时代，对直播卖货而言，用户最质疑、最痛恨的是发现自己从直播间买回来的产品存在"货不对板"或者质量低劣等问题，随着直播带货的"套路"正逐渐被用户和监管平台摸清，随着可供用户选择的产品和平台越来越多，只要在直播生涯中发生一次产品"滑铁卢"事件，用户对主播的信任就会减少甚至消失。

这也给了所有后来的主播一个深刻的警告：选品不当，直播间也可能沦为"灾难现场"，严重的话，这一错误还会彻底终结你的直播事业。

选品的 4 个基本标准

直播产品应该如何选择呢？在就这一问题和一些主播进行沟通时，我发现，其实大多数主播并不是不知道选品的重要性，只是他们在实际的操作过程中感觉无从下手。很多时候，许多主播及其团队在进行选品后，还是会因为选品"不理想""不完美"而否决之前的选择，最终导致团队每天忙着选品，却永远在选品的路上。

选品真的有那么难吗？答案恐怕也不绝对。总结我自己的实践经验,我认为,在选品之前,我们应划定以下4个基本的标准。

重量轻、体积小,便于发货

从表面来看,重量轻、体积小的产品竞争相对激烈,利润也相对较低,但相较于大件产品,这类产品的发货成本更低。有些时候,大件产品所产生的运费甚至会超过货值。所以,综合考虑之下,重量轻、体积小的产品的最终利润会高于大件产品。

从人工成本来看,重量轻、体积小的产品更便于包装,更节约人力,大件产品则相对麻烦。

最后,从产品的展示角度来看,重量轻、体积小的产品更便于主播在直播间进行全面展示,大件产品则逊色许多。

刚需

简单来说,"刚需"就是用户对产品功能的需求大于对款式、外观、尺码等外在因素的追求。以买房子为例,对初次买房并且急需房子居住的人而言,房子就是"刚需",因为有了实际需求,所以不管当时的房价如何,买房人都会选择签合同、付款。

像衣服、鞋子等普通产品为了满足不同用户对尺码、颜色等外在因素的不同需求,以及不同用户的不同喜好,商家会储备多个SKU[①]。而"刚需"产品最大的特点便是同一产品可以满足所有潜在用户的需求,这也就意味着"刚需"产品不仅更容易被用户接受,而且更利于商家打造爆品,同时也不容易造成库存的积压。

---

① SKU,在电商中,SKU是指保存库存控制的最小可用单位。例如规格、颜色、款式等。一款商品有多个颜色、多种规格,则有多个SKU。以衣服为例:红色M码为一个SKU,红色L码为一个SKU。

因此，主播要想让选品的成功率更大一些，那么在选品的过程中，产品是否为"刚需"就应该成为一个重要的衡量标准。

不侵权

熟悉电商的人都知道，电商运营中最常见也最应该规避的问题便是产品侵权。应该说，在电商运营的过程中，只要主播选择并销售了侵权的产品，其就等于给自己埋下了一颗炸弹，这颗炸弹不炸则已，一炸便会带来毁灭性的打击，它有可能让主播永远失去信誉，而主播永远也不知道炸弹什么时候会炸。

所以，在选品阶段，主播一定要谨慎判定、谨慎选择，给自己制定一个标准，坚决避免触碰侵权产品。

低频使用产品

按照使用频次划分，产品可以分为低频使用产品和高频使用产品两大类。

顾名思义，低频使用产品是指使用次数相对较少的产品，比如螺丝刀、雨伞、烘干机等，我们不可能每天都使用它们，但缺少了它们，生活似乎会多有不便；而高频使用产品是指使用次数较多的产品，比如手机、碗筷等，在现实生活中，我们每天都不止一次地用到它们。

从理性的角度分析，任何一款产品都有其生命周期，一个产品被使用的次数越多，它磨损和损坏的概率就越大，相应地，它就越容易出现问题；反之，一个产品被使用的次数越少，它发生问题的概率就会越小。

从这个角度来说，主播在为自己的直播间挑选直播产品时，为了避免不必要的麻烦，减少售后压力，赢得良好口碑，就应该多考虑产品的使用频次，多选择低频使用产品。

从本质上来说，直播平台其实就是一个存在于互联网世界的导购平台，如果这个导购平台能够给用户带来高性价比的完美产品，它就能成功撬开用户的心门，激发用户的购买欲望。因此，主播在为自己的直播间挑选产品时，一定要慎重、慎重再慎重。

头部主播直播间的选品策略

虽然在前一节的内容中，我列举了几个李佳琦选品不当的案例，但作为当仁不让的头部主播，客观而言，在选品方面，他的许多成功经验都是值得"腰部主播"学习和借鉴的。

事实上，无论是李佳琦、薇娅，还是其他的头部主播，他们在直播卖货中取得的成绩与他们对于选品的重视是密不可分的。

比如，在薇娅的团队中，就有人专门负责选品工作，从前期筛选合格商家到对商家样品进行测试，这一轮一般会淘汰50%的产品，而在通过了这一轮后，产品在被直播之前，还要通过薇娅的亲选。

在本节中，我将从品类选择、产品来源和产品价格这三个角度来分析一下头部主播直播间的选品策略。

品类选择

不论是李佳琦还是薇娅，如果我们认真分析就会发现，如今这些头部主播几乎占据当下直播流量的80%左右。而在分析这些头部主播的卖货产品之后,我们又可以发现,他们在直播中深耕的产品类型以美妆护肤为主。

比如,曾是欧莱雅品牌专柜导购员的李佳琦,以"口红一哥"著称,他在直播间销售的产品也主要以口红、BB霜、香水等美妆产品为主。

以2019年"双11"直播为例,在当天的直播中,李佳琦一共销售了55件产品,其中45件与美妆护肤相关,剩下的10件则为床垫、豆浆机等家居用品,虽然不是美妆护肤产品,但其主要受众也是女性。

相比之下,薇娅直播间的产品就显得更丰富了,上到奢侈皮草、贵妇面霜、数码产品,下到零食小吃、日化洗护、柴米油盐,都曾在薇娅的直播间中出现过,这些产品的受众也是以女性为主,并且在这些产品中,美妆产品的数量仍然排名第一。

由此可见,头部主播在产品的品类选择上,主要以攻占女性心理的产品为主,其中美妆类产品占绝对优势。

头部主播之所以这样选择,我认为主要原因有以下三点(如图8-1所示)。

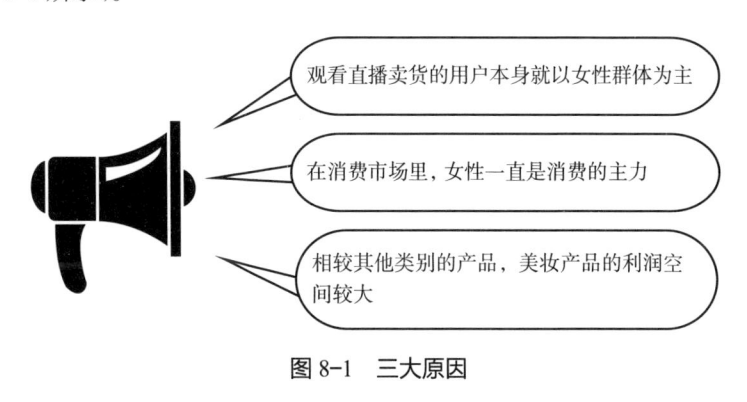

图8-1 三大原因

产品来源

目前，头部主播在直播间销售的大多数产品都属于自接产品，即主播与厂家、品牌进行合作推广的产品。比如，前面我们已经分析过，在李佳琦的直播间中，他主要销售的产品类别是美妆，有时候，他也会销售像三只松鼠这样的零食类产品，这些产品无一例外都是他自接的产品。

有人曾说，李佳琦的直播间更像是一个主推美妆类产品的专卖店，而这种产品销售的模式也是大多数头部主播直播间的销售模式。不过，随着如今直播行业的不断发展，我们不得不关注另一销售模式，那就是越来越多的主播开始自创品牌，实现产销一体，在我看来，这也是未来直播卖货的发展趋势。

产品价格

只要是销售行为，就会涉及盈利问题，而卖家要想盈利，产品的定价策略就显得尤为关键。通过分析，我们不难发现，如今许多头部主播的产品定价策略不外乎就四个字：差价、便宜。

差价

简单来说，差价是指直播间的产品价格普遍低于市场价格。在第一章，我已经分析过，直播间物美价廉的产品，正是直播能吸引众多用户、人气火爆的关键原因之一。

直播间产品的售价与市场价格之间的差价是如何实现的呢？根据我的了解，通常，主播会选定一些产品，在把这些产品带进直播间之前，他们会和产品供应商签署一个协议，确保产品供应商给直播间的价格是最低的。

我们都知道,在销售界,有一个销售定律:薄利多销。按照这个定律,在直播带货的过程中,被主播选中的产品的售价虽然比市场上同样产品的价格低,但由于头部主播的带货能力,其最后的总利润会相应提高,这也是如今许多知名品牌纷纷降低价格,邀请头部主播进行直播带货的关键原因之一。

便宜

国内移动互联网大数据公司 Quest Mobile(北京贵士信息科技有限公司)的报告曾指出,90 后和 00 后已成为移动互联网购物的核心群体,而这些年轻的"网购主力军"最大的特征就是购物欲望特别强烈,比较容易受到诱惑,并且乐于接受新事物。

90 后和 00 后的线上消费能力究竟如何呢?我们不妨来看一组 Quest Mobile 公布的具体数据(如图 8-2 所示)。

从图中我们不难看出,如今,90 后和 00 后的消费能力普遍不高,在产品的选择上,他们更倾向于那些价格较低的商品。在前面我们已经强调过,作为一种新兴的、时髦的购物模式,带货直播的大部分受众正是 90 后和 00 后,这也就间接决定了如今的许多头部主播在直播时,普遍更愿意选择价格低的商品。

关于这一点,经常"逛"直播间的朋友一定会发现,李佳琦和薇娅在直播间里展示的一般都是价格适中的大众商品,而不是那些十分昂贵的奢侈品。

与李佳琦、薇娅等头部主播形成对比的,则是由明星"转行"进入直播界的李湘,2019 年 10 月 27 日晚上,李湘在自己的直播间

2019年5月90后和00后的线上消费能力

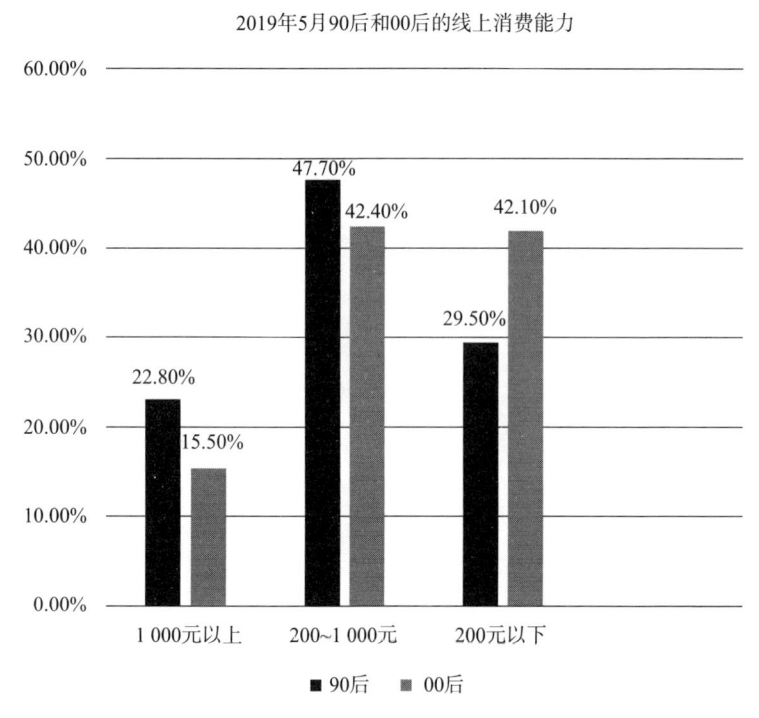

图 8-2　2019 年 5 月 90 后和 00 后的线上消费能力

来源：Quest Mobile 公司

里销售一款价格不菲的奶粉和一件貂毛外套，虽然作为明星，自带流量的李湘带货能力并不低，在当晚的直播中，有 162 万人观看，可是由于产品价格昂贵，尽管李湘在直播中尽力宣传，但其最后也只卖出 77 罐奶粉，貂毛外套更是尴尬地一件都没卖掉。

李湘的这次直播，也让我们进一步看到了价格适中的产品对于直播带货的重要性。

以上，我们从品类选择、产品来源和产品价格三个角度分析了头部直播间的选品策略。俗话说："不想当军官的士兵不是好士兵。"同样的道理，不想成为"头部主播"的主播，也不是"好"主播。在你成为"头部主播"的道路上，以上提到的直播间选品策略或许能够给你一些启示和指引。

在前面的章节中，我们探讨了选择合适的产品对于直播卖货的重要性，直播间选品的四大基本标准，以及头部直播间的选品策略。从本节开始，我将结合自己的直播经验，为大家介绍三种具体、实用的选品方法。

二维选品法

首先是"二维选品法"，即主播从产品受众和产品本身两个不同的维度入手去选择直播的产品。

产品受众分析

在传统零售业中有一句至理名言："顾客就是上帝。"而直播卖货，实际也是销售的一种形式，在这个过程中，你的"上帝"就是你的顾客，就是你直播间的用户。要想提升你的带货能力，你必须让你的用户接受你销售的产品，并愿意为产品买单。

如何更好地做到这一点呢？我认为很重要的一点就是主播要判断自己用户群体的情况，比如年龄、性别、消费能力等，并对你的用户群体，即你产品的受众进行全面分析，选择适合他们的产品。

在现实的生活中，相信大家一定都有这样的感受：不同的人通常也会有不同的喜好。直播卖货也是一样，不同的用户群体通常也具有不同的喜好和不同的消费能力。比如，男性用户群体一般喜欢机械类和运动类产品，他们对美妆护肤不感兴趣；而爱美的女性用户群体则刚好相反，她们一般对机械类产品和运动类产品不感兴趣。

因此，如果你的用户群体是爱运动的男生，那么你可以挑选一些运动类产品；如果你的用户群体大部分是时髦爱美的女性，那么你可以挑选一些美妆类或服饰类产品。

总之，主播只有选择符合受众的产品，才能更好地带货。

产品本身分析

在前文中我强调过，直播卖货对产品的包容度很高，如今市面上的许多产品已经逐渐走进了直播间，并在流量的"加持"下成为热销爆品。

然而，这并不意味着所有的产品都适合通过直播展示出来。主播在挑选直播产品时，除了要分析产品受众，选择那些符合受众实际情况的产品，还需要从产品本身入手，判断该产品的产品属性以及其是否适合以直播的形式展示、销售。

结合我自己的实践经验，一般来说，适合在直播间进行展示的产品主要有以下4类。

具有广泛知名度的产品

我把具有广泛知名度的产品摆在第一位，是因为这类产品本身就已经有了品牌背书，在推广、销售的过程中其更具有优势。

用户无法亲自体验的产品

用户无法亲自体验的产品,顾名思义就是用户无法亲自接触的产品。比如,用户如果需要购买一些国外的商品,但是由于地域的原因,用户可能无法亲自到当地购买,这样就会产生信息不对称的问题。而带货主播可以通过直播的形式,让用户通过镜头更好地了解产品,解决信息不对称的问题,帮助用户更好地做决策。

重视过程消费的商品

不知道大家有没有发现这样一个有趣的现象:在如今的电商平台,用户似乎越来越关心产品产生的"过程",比如农产品的种植过程,工艺品的制作过程,食物的烹饪过程等。而直播刚好可以满足用户的这种实际需求,进而更好地促进产品的销售。

比如,以销售农产品为主的主播可以通过直播镜头为用户展示农产品的生长环境,在让用户确认食品安全的同时,也能帮助用户了解农产品的生产过程。

快消品

快消品最大的特点之一就是拥有广大的消费群体,这对产品的销售无疑是非常有利的,所以快消品也是最适合在直播间销售的产品之一。

以上提到的4类商品,均适合在直播间进行展示。作为主播,如果你不知道选择怎样的直播产品,那么你不妨从这4类产品入手。以上我分享了从产品受众、产品本身两大维度来思考直播产品的选择方法,你学会了吗?

最后，我想强调的是，一个适合在直播间内展示的产品，一定要兼具市场容量大、利润率高、性价比高、用途广、质量好、受众明确等特征。在直播卖货的过程中，主播如果明智地选择了最合适的产品，就离成功更近了一步。

定位选品法

在传统的广告营销界有这样一条著名的"哥德巴赫猜想"，即"我知道我的广告费有一半浪费了，但遗憾的是，我不知道是哪一半被浪费了"。

事实上，这一问题在卖货直播中同样存在。很多时候，主播无法取得理想的带货成绩，正是因为他们不知道自己究竟要卖什么样的产品，吸引哪些人的关注，因此无法找准方向，精准发力。

从这个角度来说，作为主播，在选择产品之前，做好自身定位至关重要。本节，我就来和大家分享一下直播选品的第二个实用的方法：定位选品法。

定位选品的逻辑

何为定位？

在《定位》一书中，艾·里斯、杰克·特劳特两位大师给"定位"下的定义是：剖析"满足需求"无法赢得顾客的原因，给出如何进入顾客心智以赢得选择的定位之道。

主播的直播定位，其实也是遵循此理论，简单来说就是确定直播卖货的方向和目标，给自己一个清晰明确的"人设"或"标签"。而所谓的"定位选品法"，就是主播根据"人设"和"标签"，选择与自身相匹配的产品。

在这一点上，许多头部主播为我们做出了很好的示范。

比如，"口红一哥"李佳琦号称直播间"男闺密"，其直播间中出现的产品，大多数都是美妆护肤产品；薇娅将直播间内的用户称为"薇娅的女人"，在她的直播间中展示的产品也大都与家居生活相关。

在前文中我已经强调过，人设永远都是最有价值的，很多时候主播通过直播卖货，卖的既是商品，也是人设，产品与主播之间，要的就是一个匹配度。比如，如果主播本身的直播定位是一个享受单身生活的未婚姑娘，那么其每天在直播间卖母婴用品就会缺乏说服力；同样，如果主播在直播间的人设是成熟睿智的职业女性，那么家庭主妇喜欢的日常家居生活用品显然就不适合出现在这位主播的直播间里。

总之，在选择产品的过程中，主播首先要给自己一个清晰明确的"人设"或"标签"，在完成自我定位后，主播就可以根据这个定位去选择与自身人设相匹配的直播展示产品。只有这样，主播才能更好地把产品的卖点在短时间内有效地、清晰地传达给直播间内的用户，并让用户产生需求，进而消费乃至传播直播间内的产品。

定位要解决的问题

如何定位呢？一般来说，一个清晰的直播间定位至少要回答以下两个问题，而这两个问题也分别代表了直播间定位的两部分内容。

卖什么？

既然主播打算通过直播去卖货，那么直播的准备工作一定会涉及产品，主播要思考这样一个问题："我在直播间里卖什么东西能赚钱？"

要解决这个问题，建议大家先从观察别人的直播间做起，比如，当你发现有一款产品在其他主播的直播间卖得很火时，你不妨先去研究一下这款产品，看一看它究竟有哪些特点，哪些优势，为什么会火爆。在得出结论后，主播再结合自己的直播间想要努力的方向，选择有相同逻辑的产品。

这个过程其实就是一个小小的产品市场调研的过程。主播要始终记住：没有调查，就没有发言权，只有深入分析、研究热销产品的市场优势和内在逻辑，我们才能够更加明确自己需要什么，从而帮助自己找到合适的产品。

卖给谁？

有了自己的产品，接下来就是找买家，只有找到有需求的用户，你的产品才能卖出去。

通常，我们会把客户群体分为两大类：一类是精准客户，另一类是潜在客户。

精准客户其实就是对产品有依赖的客户，潜在客户就是可能对产品有需求的客户。在你的直播间里，你要找到这两类客户，并且给他们分好标签，这样才能更有针对性地把合适的产品推荐给他们，从而赚取利润。

怎样才能寻找到自己的客户群体呢？

直播间卖货是线上营销，因此，主播不能像实体店一样，让客户自主找上门，而是要主动去找客户。要做到这一点，可以参考我在前面的章节中提到的"吸粉"技巧，这里就不再赘述。

总之，明确"卖什么"以及"卖给谁"，是主播进行直播定位的关键，而直播定位，又是影响主播选品思路的关键因素。从这个逻辑出发，主播在确定自己的选品思路之前，不妨先问一问自己：我究竟要卖什么？我更希望将产品卖给谁？

产品组合法

通常，在直播间销售的产品根据其不同的功能、不同的销量和不同的用途可以被分成不同的类型，主播根据不同的产品类型去挑选直播产品的选品方法被称为"产品组合法"，这也是我接下来要介绍的第三种高效选品方法。

首先我们要按照功能对产品进行分类，并根据需要进行产品配比。

按功能分类

按照不同的功能，直播间展示的产品可以被分为印象款、引流变现款和跑量款三种类型（如图8-3所示）。

印象款产品

印象款产品就是能够促成用户在直播间达成第一笔交易的产品。

```
           直播间产品
         ┌─────┼─────┐
       印象款  引流变现款  跑量款
      促成直播间第一  用来引流的产品  用来增加直播间
      笔交易的产品                  竞争力的产品
```

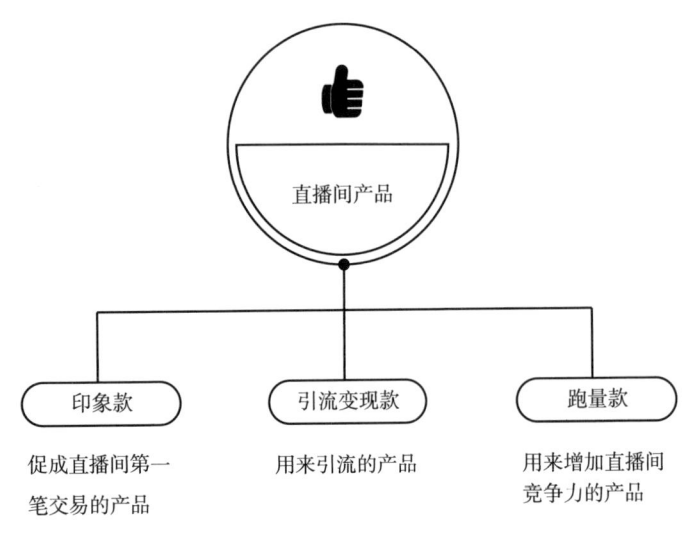

图 8-3　直播间产品按功能分类的三种类型

对任何一场直播而言，用户只有在下了第一单、完成了在直播间的第一笔交易后，其才会对直播间或者主播产生更深刻的印象。相应地，用户再进入该直播间的概率和在该直播间消费的概率才会增大。因此，当主播在选择直播产品时，印象款产品一定不能少。

当然，在所有的直播产品中，印象款产品的占比也不宜过高，比例在 10%~20% 为宜。

什么样的产品最适合作为印象款呢？对此，我的建议是选择一些高性价比、低客单价的常规产品。

比如，卖美妆用品的直播间可以选择化妆刷、面膜等，卖女装的直播间可以选择打底衫、腰带等。

引流变现款产品

引流变现款产品是指用来帮助直播间促成销售的产品。引流变现款产品也是直播间重点推广的产品，我建议这类产品的占比不少于60%。

通常，用来引流变现的产品是直播间展示的所有产品中最具有优势和卖点的，最能体现直播间定位和特色的产品。一般而言，在直播间的观看人数达到一定数量后，主播就可以正式推出引流变现款产品了。

跑量款产品

跑量款产品是指用来增加直播间竞争力的产品，其最大的特点就是价格低廉，有时候，跑量款产品不仅不会让主播赚钱，甚至还会让主播亏钱。由于跑量款产品的性价比高，其销量一般都不会低，所以跑量款产品往往也是支撑整场直播间销售额的产品。

在选择跑量款产品时，最重要的一个标准就是产品的货源一定要有保证，除此之外，直播团队还要根据产品本身的利润率、热销程度等因素来综合考虑。

一场直播一般可以设置多款跑量款产品，并且，这些产品最好穿插在其他产品中分批推出。

按销量分类

按照销量来划分,直播间的产品也可以被分为三类:热销产品、潜力产品和滞销产品。

热销产品

能够被称为热销产品,其主要具有四大特征(如图8-4所示)。

```
                  ┌─────────────┐
                  │  目前销量好  │
                  ├─────────────┤
    ┌─────┐      │  未来销量好  │
    │热销 │──┤   ├─────────────┤
    │产品 │      │  季节性不强  │
    └─────┘      ├─────────────┤
                  │   非时效性   │
                  └─────────────┘
```

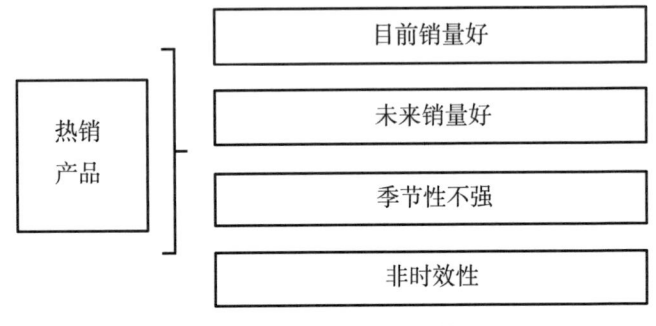

图 8-4 热销产品的四大特征

在这四大特征中,目前销量好和未来销量好都很好理解,这里我就不再赘述了,下面我们重点分析一下季节性不强和非时效性这两大特征。

简单来说,季节性不强是指该产品的全年销量都不错,不会受到季节的影响,比如,空调、电扇等产品在夏季可能会热销,但是到了冬天,销量就上不去了。所以,这一类产品就不能被称为热销产品。

非时效性是指产品的销量要持续可观,而不是在短期的火爆之后变得低迷。比如,疫情期间口罩畅销,但过了这个时期,口罩的销量可能就会锐减。所以,这一类产品就不能被称为热销产品。

潜力产品

潜力产品也具有五大特征（如图 8-5 所示）。

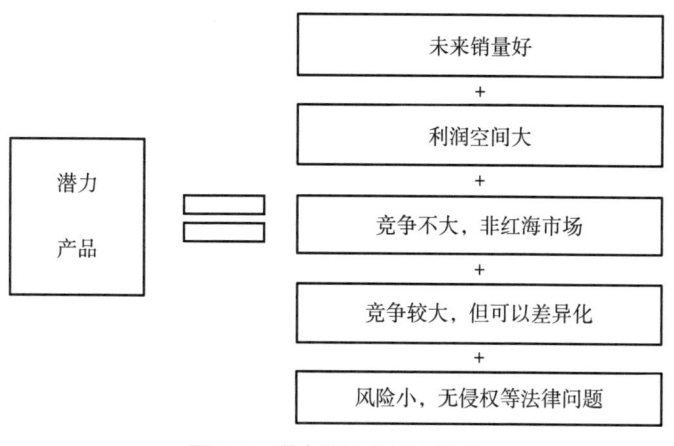

潜力产品 = 未来销量好 + 利润空间大 + 竞争不大，非红海市场 + 竞争较大，但可以差异化 + 风险小，无侵权等法律问题

图 8-5　潜力产品的五大特征

滞销产品

顾名思义，滞销产品就是卖不出去或销量不理想的产品，并且，滞销产品不仅仅是当前不畅销，未来可能也没有市场前景。

如何挑选这三类产品？

以上我们分析了按销量来划分的三类产品的主要特征，那么对于这三类产品，主播又该如何选择呢？

首先可以肯定的是，滞销产品是一定不能选择的。接下来我们要做的就是在潜力产品和热销产品之间做选择。

我发现，许多主播在挑选直播产品时，都会把价格列为主要参考因素，优先选择那些低价格的产品。当然，对那些刚入行、想练手的新手主播而言，这种选择并没有什么问题。

但是从长远发展的角度来说，低价格产品的利润空间相对较小，竞争却相对较大，对卖货直播而言，更明智的做法应该是尽量选择那些竞争较小产品，或者那些虽然有竞争但有差异化的产品。

从这个角度来说，当主播选择直播间产品时，主播最好选择"热销+潜力"的产品，也就是选择既具有热销产品特征，又具有潜力产品特征的产品。在具体的选择过程中，主播可以参考表8-1中的选品思路。

表8-1 直播间选品思路

直播间选品思路	
必要条件	补充条件
• 足够的市场需求（畅销） • 市场竞争小 • 价格合适	• 季节性不强 • 有改进的机会 • 轻便、体积小 • 避开限制类产品（有法律问题或容易有质量问题的产品）

按用途分类

按照不同的用途，直播间的产品可以分为三类：抢拍产品、基础产品和利润产品。

抢拍产品是指低价、限时、限量，需要用户靠手速抢购的产品；基础产品又可以被称为经典款，其最大的特点是销量、评价都不错，用户往往不需要经过太多思考就会进行购买；利润产品则是指那些对主播和商家而言利润空间较大的产品，因此，利润产品也是能让一场直播挣到钱的关键产品。

主播该如何选择这三类产品呢？根据我自己的经验，在一场直播中，主播既要保证产品销量、能挣钱，又要炒热直播间氛围，让用户始终保持购买的欲望，单靠这三类产品中的某一类是行不通的，因此必须将这三类产品安排在合适的时间和流程进行销售。

具体来说，主播可以参考以下两种产品组合模式。

一款抢拍产品 + 一款基础产品 + 一款利润产品

按照这个模式，在直播的初期，主播主要是靠抢拍产品拉流量，在有了一定的流量基础后，主播再适时推出适合普通大众的基础产品，而当流量进一步增多，达到顶峰的时候，主播便可以推出利润产品了。这样的产品组合模式，能够保证直播间内利润产品得到最大程度的转化。

一款抢拍产品 + 一款利润产品 + 两款基础产品

这种产品组合模式和第一种产品组合模式一样，直播间初期主要靠抢拍产品拉流量。

熟悉直播的人都知道，直播刚开始的那段时间，也是直播间的流量不断上升的阶段。因此，在开播后，主播可以在直播间内先和用户闲聊一会儿，在用户逐渐多起来后，主播可以适时推出一款抢拍产品作为福利，以便更好地带动直播间气氛，增加直播间人气，同时起到刺激用户购买欲望的作用。

按照惯例，在抢拍产品售完后，直播间一般会处于比较活跃的状态，流量也会达到一个小巅峰，此时，主播趁热打铁地推出一款利润产品无疑是最好的选择。在利润产品之后，主播还可以再推出一些基础产品。

以上两种直播间产品组合模式便是我们公司的主播经常会使用的模式，供大家参考。

从疫情下的直播选品看遇到突发事件时的选品策略

2020年情人节当天，李佳琦准时走进了自己的直播间，在直播结束后，"李佳琦直播追星华晨宇"的话题冲上了微博热搜榜，直到2月15日早上，话题还排在热搜第五位。

早在2月5日，李佳琦就已经登上了微博热搜，"李佳琦直播"这个话题一度排到了热搜榜第四位。这一天，是他在2020年进行第一场直播的日子，而此时，全国人民正因为突如其来的疫情而选择待在家里。从某种程度上讲，李佳琦的直播给大家单调、焦虑的生活增添了一抹亮色。

相较于李佳琦，薇娅复播的时间还要更早，她在1月31日就开始直播了。这一天，正值大年初七，如果没有意外，这一天应该是大部分人重返工作岗位的日子，但疫情改变了一切。当日，薇娅直播间的观看量又创新高。

其实不管是李佳琦，还是薇娅，都告诉了我们这样一个事实：在疫情期间，各行各业都受了影响，直播卖货却风头不减。他们在疫情期间的选品策略对于主播在遇到突发事件时进行选品又有着怎样的启示呢？

疫情期间，头部主播的直播间都卖了什么？

我们先来分别了解一下李佳琦和薇娅在疫情期间的选品情况。

李佳琦："口红一哥"疫情期间不试口红

早在2020年2月5日，李佳琦就开启了自己新年后的第一场直播，相关数据显示，这场直播的总观看量超过了1 480万，预计销售额高达3 136.2万元。

在这场直播中，李佳琦都卖了些什么呢？

如果我们认真翻看一下他的货品清单就会看到，在当天的直播中，李佳琦一共上架了20款产品，产品数量跟以前相比变化不大，这些产品涵盖了食品、日用品、美妆护肤品等多个品类。其中，占比最大的依然是美妆产品在60%左右。

我相信大家都会有这样一个认知，在疫情期间，最受欢迎的产品应该是口罩和消毒用品。尤其是口罩，几乎已经到了一只难求的地步。

然而，有意思的是，尽管口罩的需求激增，但李佳琦的直播间并没有开卖口罩，不仅如此，他还公开表示："近期并不会上架口罩，如果找到货也会先供给一线人员使用。"

另一款热卖产品——消毒用品却出现在了李佳琦的直播间。春节期间，李佳琦团队紧急联系了熟悉的品牌方，在直播间上架了各种有品牌知名度、有口碑的消毒用品。

除此之外，由于在疫情期间人们都宅在家里，速食食品也一跃成为热销产品，这一类产品也出现在了李佳琦的直播间里。据统计，在2月5日的直播中，李佳琦共上架了三款速食食品。

李佳琦在疫情期间的直播与之前的直播相比，最大的区别就是有着"口红一哥"之称的他连续两期没有做口红试色，直到2月10日，直播间才再次出现口红。李佳琦解释称：大家都戴口罩，涂口红频率变低了。

薇娅：产品数量骤减，零食增多，未上架防疫相关的产品

说过了李佳琦，我们再来看一下薇娅。由于出行不便，在疫情期间，薇娅把直播的地点选在了自己家里，从视觉体验上讲直播场景比以前更日常，直播间选品主要呈现以下特征。

产品数量骤减

从2020年1月31日到2月4日，薇娅几乎保持着一天一场直播的频率，但其单场直播的产品数量较之前大幅减少。据统计，在1月31日到2月4日的5场直播中，薇娅平均每天上架9.2件产品，而在过去，薇娅每场直播上架的产品基本在30件以上。

从2月6日开始，薇娅直播的频率变成了两天一场，商品种类也逐渐变多，但数量仍然不及之前。

零食增多

从2月6日开始，薇娅直播间的零食、水果和农产品明显开始增多：蛋糕、牛轧糖、海苔脆、椰香薄饼等适合宅在家里吃的零食，以及牛肉酱和益生菌饮料等都有涉及。2月11日，薇娅还专门举办了一场零食节专场。

未上架防疫相关的产品

可以看出，在疫情期间，薇娅的直播间并没有上架消毒水、洗手液等防疫相关的产品。对此，薇娅给出的解释是：现在这些产品的商家库存大多有限，不能保证价格优惠，与此同时，商家也不能确定发货日期。

除此之外，疫情期间新晋的热门产品——速食食品也没有过多地出现在薇娅的直播间，除了2月2日直播推出的一款速食拌面外，薇娅几乎再没有涉猎过速食食品。

遇到突发事件时的选品策略

以上我们分析了李佳琦和薇娅在疫情期间直播时的选品情况，这些情况总结起来无外乎有三个特点。

第一主营业务依然没有丢，在疫情期间，不管是李佳琦，还是薇娅，他们还是以平时最常涉猎的护肤、美妆类产品为直播间的主打产品；第二直播间里的产品基本上都是人们在家里就能使用的物品；第三口罩、免洗洗手液、消毒液等疫情期间大热的产品，因库存、物流、价格等限制因素，在他们的直播间里较少出现。

这三点，其实也是大多数"头部主播"在疫情期间选品的共同特点。

除此之外，我们还可以看到一个值得关注的现象，那就是在疫情期间，由于物流不畅，能发货的产品寥若晨星。于是，那些能发货的供应链就成了许多主播的卖货利器。

比如，我认识的一个刚刚加入直播卖货行业不久，粉丝基数并不算大的主播，就因为幸运地找到了在疫情期间能发货的供应链，取得了连续一周卖出1 000多单商品的好成绩。

综合上面提到的选品策略，在遭遇诸如疫情这样的突发事件时，我们不妨这样选品：

- 坚持主营业务不变。
- 优先选择库存充足的产品。
- 多选择与突发事件具有直接关联的产品，或者因为突发事件而热销的产品。
- 考虑到物流等因素，选择能及时发货的产品。

疫情过后，主播应该如何选品？

以上我分析了李佳琦、薇娅在疫情期间的选品策略，并以此为切入点，总结出了当遇到突发事件时，主播的选品策略。

需要注意的是，如今，随着疫情的好转，人们的生活和工作纷纷恢复正常，人们的需求和心态也随之发生了一些变化，那么主播的选品思路也应该紧跟这些变化。

疫情过后，主播应该如何选品呢？在回答这一问题之前，我们不妨先来了解一下疫情过后，人们的生活和工作主要会发生哪些变化。

具体来说，这些变化主要表现在两方面：一是心理上的，人们更愿意及时行乐，也更具有忧患意识；二是行为上的，人们可能会出现"报复性"消费行为。根据这两大变化，我推测得出，在很长一段时间内，一些符合人们消费心理的行业会爆发式增长。这些行业也应该成为主播的主要选品方向。

下面，我将通过一个表格，为大家推荐一些疫情过后可能会成为爆款的产品，以供大家在选品时参考（如表8-2所示）。

表 8-2 疫情过后可能会成为爆款的产品

推荐产品	推荐原因
旅行相关的商品	顺应了人们及时行乐的心理,娱乐业、旅游业以及一些零售行业(如汽车、餐饮、服装)等,也许会出现一些新的机会
服装、美妆护肤类产品	理由同上,而且这两类产品永远是带货的热门
礼盒、珠宝首饰、手表、永生花、农用物资、绿植等	疫情过后,出于人们及时行乐的心理,节日氛围会更浓
口罩、防护服、护目镜、消毒液、75%的酒精消毒液、洗手液、湿纸巾、酒精消毒棉片、方便火锅等	迎合人们的忧患意识
食谱、儿童图书、励志图书、人物传记等	经过了疫情期间的健康教育,与健康、教育相关的行业也会迎来一波新增长
跑步机、臂力器、健腹轮、跳绳、跳舞毯、瑜伽垫等	在家待一段时间后,人们的运动量大大减少,很多人都长胖了,减肥的需求会大幅增加,所以在疫情之后,健身房、瑜伽馆及减脂代餐等行业会出现新的增长
婚庆相关用品	二月、三月原本是结婚高峰期,被疫情打乱了的结婚计划会被重新提上日程,相关用品的销售也会出现一波小高潮
按摩椅、家装软式、五金五件套、墩布拖把、洗衣液、补墙漆、窟窿填补剂、管道疏通剂等	同理,每年的春季和秋季都是装修季,因为疫情影响,人们的装修安排也被延后了
各种有品牌知名度、口碑的产品	在经历了这次疫情之后,人们的消费结构和倾向会发生改变,人们会延缓部分非必要开支,而在必要开支上,大家会把钱花在品牌信任度更高的产品上

以上表格中列举的一些产品,便是我从自己的从业经验出发,总结得出的可能会在疫情过后成为爆款的产品,在具体的直播过程中,大家可以根据实际需求和自己的选品思路进行选择。

第四部分

36天进化
从"腰部主播"进阶为"头部主播"

第 9 章

第 55~63 天 复盘：头部主播的独门秘诀

所谓复盘，就是人们在完成任务后，对任务进行回顾、分析、总结，从而达到查漏补缺、积累经验的目的。对刚开始做直播带货的主播而言，复盘必不可少，只有在每次直播后及时复盘，才能发现自己的问题所在，从而摒除缺点，沉淀优点，为下次直播优化做铺垫。

卖货不是终点，复盘才是关键

薇娅曾经说过：在每一场直播结束后，不管多晚，她和她的团队都会对这场直播的情况进行梳理，记下可以提升的点，然后才会休息。薇娅和她的团队所做的事情，用一个词来概括，就是"复盘"。

提到复盘，相信大家一定不会感到陌生，如今，这个词在各行各业都很火热，对直播卖货而言，它显得尤为重要。在我的公司，我要求每个主播在每场直播结束后，不是立即发货，更不是松懈下来，而是抓紧时间进行复盘。我做出这样的要求是因为丰富的行业经验告诉我：如果直播结束了不去复盘，主播的水平就将一直在起跑线徘徊，难有突破。

究竟什么是复盘？它对直播卖货而言又具有怎样的作用和意义呢？本节，我就将和大家一起来聊一聊直播复盘的那些事。

何为复盘？

要想聊直播复盘，我们首先要了解复盘究竟是什么。

在现实生活中，我发现许多人对复盘有一个错误的认识，他们喜欢将复盘简单地视为总结。事实上，复盘并不等同于总结，它只是复盘的一部分。从本质上来说，复盘其实是人们对过去完成的项目所做的一个深度演练。

所有的项目，不管是版本更迭还是从0到1，都会经历几个阶段，所谓的复盘就是人们对每个阶段的具体工作进行分解，分析工作顺利与否，主要问题有哪些，自己应该如何进行优化等。

通常，人们在做项目总结时，通常是从项目结果出发，总结项目的成果与不足。复盘与之不同，它在关注结果的同时，更需要对整个项目过程进行重新演练。在演练的过程中，人们能够发现问题，分析问题，积累更多的经验，从而为之后的战略和决策提供更多有价值的东西，优化解决方案。

总结与复盘最大的区别就是：总结是静止且跳跃的，复盘是动态且连续的。

复盘多以过程为导向，关注过程中的学习和提升。进行复盘不仅能让人们对项目的整体规划和进度有更充分的认识，也能让人们学习和收获更多专业知识，认清自己的不足，找出需要改进的地方，从而更好地制定优化方案。

拿直播卖货来说，复盘就意味着在每一场直播结束后，主播都应该回顾整个直播过程，搜集相关直播数据，分析并找到自己在这场直播中做得好的方面和做得不好的方面，然后找出做得好和做得不好的具体原因。

为什么要做复盘？

复盘对直播卖货来说之所以重要，是因为通过科学专业的复盘，主播及其团队能够更明确地看到自己在直播过程中存在的问题和问题导致的结果，根据这些发现对直播做出更准确、更有针对性的调整，积累丰富的运营经验。

如今，随着直播的热度一度飙升，这种变现方式也受到了越来越多的商家的追捧，相应地，也有越来越多的人加入带货主播的阵营。而这一切带来的结果，便是直播带货的竞争越来越激烈，想要脱颖而出越来越难。未来，主播在直播卖货过程中的任何一个小的错误或疏忽，都有可能给自己的直播生涯带来致命的打击。

主播如何最大限度地解决问题，规避风险，提高自己的直播技巧和带货能力呢？我认为，要做到这一点，主播只重视直播过程显然是不够的，其还必须在每场直播结束后，认真地进行复盘。因为只有通过复盘，主播才能知道自己的优势在哪里，问题在哪里，这样主播才能找到更好的改进方法和进阶途径。

然而，很遗憾的是，在现实的生活中，我发现许多主播都存在同一个问题，那就是在直播结束后，在转化数据基本达到预期的情况下，主播便会认为自己的任务完成了，这显然是对直播卖货流程的一种错误认知。

一个完整的直播流程应该包括前期准备、直播和复盘，在完成了前两项后，主播只是完成了一个直播的动作，而对这个动作进行客观分析，以便在未来更好地完善这个动作，才是最重要的一步。

卖货并不是终点，复盘才是关键，这是因为不管主播单场的直播带货成绩如何，都不能证明其带货能力的好坏，决定主播直播能力和带货能力的是其在整个直播生涯中取得的总成绩。而要想提高这个总成绩，主播就必须提高每一场直播的单场成绩，而提高每一场直播的单场成绩的有效途径就是复盘。从这个角度来说，主播必须具备复盘的能力，学会总结得失。

最后我想强调的是，任何一个主播都无法保证自己在直播卖货过程中能做到尽善尽美，不发生任何意外。在问题发生后，复盘就是最好的反思机会。

直播复盘的三大维度

在前文中，我已经强调了在直播结束后的复盘非常重要。那么，如何做复盘呢？在接下来的章节中，我将为大家详细讲解。接下来，我们先来了解一下直播复盘的三个维度。

结果维度

结果维度是指主播对整个直播过程进行完整的复盘。在这个复盘的过程中,主播首先要对自己的卖货目标具有清晰的认知,即通过这场直播,你希望得到一个什么样的结果(观看人数、卖货量等),然后再基于这个目标,对整个直播过程进行层层梳理和分析,弄清楚在直播的过程中,自己哪里做得好,哪里做得不好,并根据实际的吸粉情况和卖货情况对核心关键指标进行提升。

总结起来就是,卖货主播基于结果维度的复盘,就是把直播结果明明白白地摆出来,并且从这个结果中发现问题,进而解决问题。

在结果维度中,最重要的一步就是主播要对直播的最终数据进行深度思考。具体来说,就是主播在进行直播结果复盘时,必须把这场直播的直播时间段、时长、累积场观、累积互动、累积商品点击、粉丝点击占比、最多在线时长、粉丝平均停留时长、粉丝回访量、新增粉丝量、转粉率、本场开播前累积粉丝量、场间掉粉量、订单数、转化率等数据明明白白地总结出来,通过对这些数据进行分析,主播就能清晰地看到自己在直播过程中存在的问题。

在找到问题后,主播就需要对这些问题进行剖析,查找问题出现的原因。

策略维度

策略维度是指主播要系统地总结直播过程中的成功经验和失败教训。要知道,在达成每一个直播目标的过程中,主播使用的直播技巧和卖货策略都不可能是完全相同的，而通过基于策略维度的复盘，去判断究竟哪些卖货直播方法和技巧是正确的、可取的、值得发扬和推广的，这对提高主播的直播能力和带货能力至关重要。

具体来说，通过策略复盘，主播如果发现使用某个直播卖货方法或策略既能达到好的结果，又能产生好的过程，这个方法或销售策略就是可取的、有效的，在之后的卖货直播过程中，主播就可以对这个方法或销售策略进行全面复制。

主播如果发现使用某个直播卖货方法或策略能达到好的结果，但没有好的过程；或不能达到好的结果，但有好的过程。那么说明这个方法或策略在使用的过程中还存在一定的问题，需要在进一步改进后再进行复制和推广。

主播如果发现使用某个直播卖货方法或策略既不能达到好的结果，也没有好的过程，那么说明这个方法或销售策略是不恰当的，主播应该毫不迟疑地摒弃它。

总之，基于策略维度的卖货直播复盘最主要的任务就是：主播要判断自己直播思路的正误，分析直播策略的好坏，然后再根据实际的分析结果，给自己制定一个工作标准，弄清楚在日后的直播工作中，应该做什么，不应该做什么，以及哪些方法和策略是应该复制的，哪些是应该摒弃的。

团队维度

结果维度和策略维度的复盘都是从主播个人的角度出发的，我们都知道，如今，许多主播的背后都有一个团队。并且，随着直播

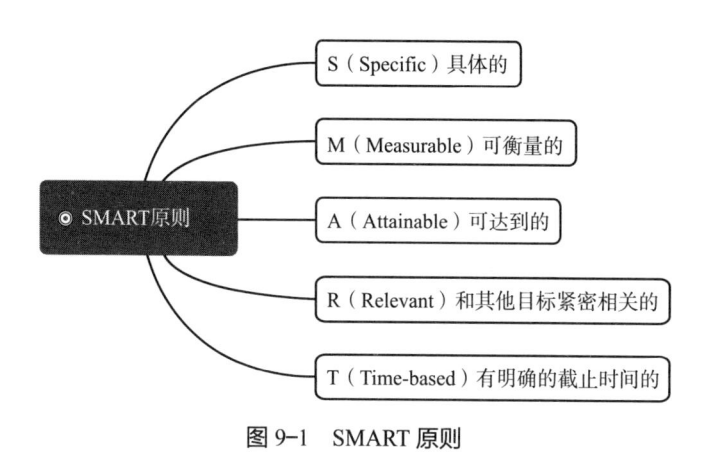

第 9 章 第 55-63 天 复盘：头部主播的独门秘诀

```
SMART原则 ─┬─ S（Specific）具体的
          ├─ M（Measurable）可衡量的
          ├─ A（Attainable）可达到的
          ├─ R（Relevant）和其他目标紧密相关的
          └─ T（Time-based）有明确的截止时间的
```

图 9-1　SMART 原则

行业的规模化和规范化，未来，由一个团队共同打造一场直播将成为一种常态，在这个团队中，每个人都将负责不同的板块，执行不同的任务。比如，有人负责选品，有人负责拍摄，有人负责寻找产品供应链，有人负责发货和售后，主播在这个团队中只是扮演了其中的一种角色。

在这种情况下，对于一场直播来说，除了要基于主播个人层面做复盘，还要从整个团队的角度出发去做复盘。具体来说，就是团队中的每个成员都要着眼于自己的本职工作去做复盘，把自己的工作实施情况展示给团队其他成员，然后接受所有团队成员对自己工作的判断和评价，利用集体的智慧，帮助自己查找原因，得出结果。

这样做的作用主要有两点。一是每个人的认知都是有限的，许多时候，在进行复盘时，我们对自己的问题看得并不全面，而通过发挥集体的智慧，团队中每一个成员的优缺点以及在工作中做得好与不好的地方都可以更全面地展现出来。二是能够有效增强团队的凝聚力。从本质上来说，团队维度的复盘也是一次绝佳的团建机会。这个过程不仅能磨合团队成员之间的关系，还能看看大家是否信任身边的伙伴，是否相信自己的团队，是否相信这件事能做成。

一般来说，基于团队维度的复盘可以分为以下三步。

第一步：自我阐述

首先，团队中的每个成员都要进行自我阐述，阐述的内容主要包括自己在这次直播中扮演的角色、自己的工作目标、目标的完成情况、没有完成目标的原因以及在完成目标的过程中，哪些方法是好的、哪些方法是应该改进的等。

第二步：排毒

我把这一步叫作排毒，是因为在这一步中，直播团队中的所有成员要对单个团队成员的工作情况进行深入剖析，找出他没完成目标背后的真实原因。这个排毒的过程，也是整个复盘过程中最痛苦的过程。不过"良药苦口利于病"，痛苦过后，团队成员往往会有巨大的收获。

第三步：给出反馈

在找到问题后，接下来我们就要分析如何去改进，这也是团队帮助团队成员成长的重要手段。

需要注意的是，给反馈的过程也是"给药"的过程，"药"分为"猛药"和"慢药"，有的团队成员必须要"下猛药"才能帮助他成长；有的团队成员则需要"下慢药"，多鼓励、多赞美才能激发他的动力。

另外，不同的时机也要给不同的"药"，直播团队的带头人在带领团队成员"给药"时必须做到心中有数，分清"给药"的对象，把握"给药"的时机，这是复盘实施过程中最重要的一个环节。

直播复盘的六大步骤

在上文中，我已经介绍了直播复盘的三大维度。我们接着来了解一下直播复盘的具体操作方法。

正如联想集团创始人柳传志所言："复盘就是指做过的事情，再从头过一遍。"具体来说，在做直播复盘时，我们可以按照以下六大步骤进行操作。

回顾目标

要知道，不科学的目标往往是导致失败的第一步，所以直播复盘的第一个环节就是要回顾目标，弄清楚进行直播卖货的目的是什么。这样做的目的是不断检验你的目标是否科学，并且在这个过程中不断去总结和优化你的直播目标，使之更合理、更准确。

在做复盘的时候，主播究竟应该怎样回顾目标呢？我认为主要要做到以下两点。

清晰、明确、有共识的目标是主播确立评估结果、分析差异的基准。如果把"直播复盘"比喻成一座大厦，那么回顾目标便是这座大厦的地基，地基没有建立好，必会为将来埋下隐患。

直播复盘的第一步，正是对主播当初设定的目标进行回顾，从源头出发，进行目标分解，进而开始复演整个过程。在这一步，主播主要回答下表中的4个问题（如表9-1所示）。

表9-1 回顾目标时需要回答的4个问题

问题	回答
当初直播的意图或目的是什么？	
直播营销想要达成的目标是什么？	
计划怎么做？预先制订的计划是什么？	
事先设想要发生的事情是什么？	

这些问题从表面上来看比较简单，但在实际操作过程中，直播团队要么目标不清，要么大家对目标的理解不一致，要么整体缺乏对实现目标的策略、办法与措施的规划，这些问题都有可能导致主播无法有效地从直播中学习。

为了解决这些问题，主播在回顾目标时要遵循三个步骤，即回顾直播的目标是否合理，回顾制定的方法，设想发生的事情。

1. 回顾直播的目标是否合理

"这场直播我们的业绩目标是多少？"

"努力干，能卖多少是多少。"

在直播实操过程中，这种无目标进行直播的情况时有发生。回顾直播最初的目标是否合理，是回顾目标的第一步。整个过程的成败总结、优良分析都会基于此目标的达成程度来进行，因此当没有具体的量化目标时，复盘的基础便不复存在了。

主播在回顾目标时，要客观地把目标拿出来推敲一遍，尽可能细致地分解、描述目标。主播可以参考 SMART 原则（如图 9-1 所示），回顾当初制定的直播目标是否合理。

例如，某主播策划了一场直播，制定的目标是：在直播活动期间（直播时长三小时），吸引 10 000 个用户观看直播，销售额达 10 万元。

当我们对上述目标进行复盘时会发现，这一目标是符合 SMART 原则的。第一目标是具体的，吸引 10 000 个用户观看，销售额达 10 万元；第二目标是可衡量的，在直播结束后通过后台数据即可衡量目标；第三目标是可达到的，该主播自身拥有 30 000 个粉丝作为基数；第四这一目标和其他目标紧密相关，销售额达 10 万元是根据以往的直播数据推算出来的；第五目标是有明确的截止时间的，在直播的三小时内完成目标。

如果该主播把目标设定为"在直播活动期间（直播时长三小时），吸引 10 万个用户观看直播，销售额达 100 万元"，那么这个目标几乎是不可能完成的。如果该主播在直播结束之后进行复盘，分析失败的原因，总结过程的经验就变成毫无意义的事情了。

如果主播在回顾目标时发现这一场直播没有目标，那么主播应尽快"亡羊补牢"，组织直播团队研讨、补充、确认直播目标。

2. 回顾制定的方法

回顾目标的第二步是回顾制定的方法。这一步骤是为了解决团队缺乏共识和缺乏具体规划的问题。

一场直播活动一般由好几个人共同完成，每个人的分工不同但最终的目标一定是一致的。有时候，在直播开始前团队在一起制定了目标，但团队成员对目标的理解不一致，没有达成共识，这样会影响团队成员在执行中的配合程度，也会导致团队内部对同一件事、同一个行动的理解、评价不一致，从而发生分歧、矛盾和冲突。

因此，在直播前，团队成员要充分研讨，对目标的理解保持一致，让每个参加行动的人都能够看到清晰的目标。

同时，在直播前团队内部还要有清晰的规划，这样有助于团队理清复盘主线，找到失败和成功的根本原因。否则，在直播复盘阶段，团队会提出很多不可验证的事情，大家也无法以计划为准绳来衡量在实际执行过程中存在的不足。

对此，在直播前，团队成员要就实现目标的策略、行动计划进行周密的安排，制订可执行的计划，做出目标分解，并且将任务具体落实到个人，进而以此为准绳进行原因分析。

3. 设想发生的事情

"人无远虑，必有近忧"，人有未雨绸缪的智慧，才会在遇到突发情况时坦然面对。未雨绸缪的智慧就在于一个"备"字，当计划想要做某件事时，在具体开始之前，我们要对在实现目标的过程中可能会发生的事情做出设想，从而事先采取应对措施。

在直播的过程中，突发情况数不胜数，我们要考虑的不仅仅是客观因素的影响，还有市场大环境、生产链等其他问题。

比如某直播团队的目标是将直播销售额提升20%，但在实现这个目标的过程中，市场方面可能出现波动，设备可能出现问题，这些都是在直播过程中可能会突然发生的事情。

针对这些问题，有经验的主播会提前做一套"Plan B"加以应对，列出可能发生的问题并提前做好解决方案。

回顾目标的最后一步就是复演这个过程，回想当初设想的状况是否发生，考虑是否有其他没想到的突发状况，回忆当初针对这些事情计划的方案是什么。

之所以要回顾上述问题，是因为这些都会影响直播带货的最终效果，它们也是复盘过程中总结经验供日后借鉴的关键点。

结果对比

结果对比也是直播复盘的一个重要步骤。结果对比是指主播通过对比结果与目标，发现结果与目标之间存在的差距。

一般来说，结果与目标之间会存在以下 4 种关系。

- 超预期完成并取得优秀成绩
- 顺利完成目标任务
- 在过程中添加了新事件
- 未完成且与预期存在差距

这里需要注意的是，结果对比并不是单纯为了发现差距，而是为了发现问题。

在实际操作中，我发现，一些主播在复盘时，往往只对表面数据（点赞量、粉丝量、销售额等）进行了分析，并没有全面地分析直播的诉求以及投入产出等其他因素，所以他们很难发现直播存在的问题，这样的复盘，显然是没有任何意义的。

所以，为了让直播吸引更多用户，具有更强的带货能力，主播在对结果进行对比的时候，必须注重实战，从根源处找问题。

一般来说，结果对比又可以分为两个步骤。

陈述结果

陈述结果主要是展示数据。这也就意味着，在进行复盘的时候，主播必须将所有的数据毫无保留地展示出来，并且还要将实际结果数据与目标数据进行对比，以便大家能更直观地看出直播结果是否达到预期。

此外，为了让结果评估的数据更客观、更准确，在陈述结果的时候，主播还可以尽可能多地引入外部典型项目的数据作为样本。

找出亮点与不足

在陈述结果后，接下来我们要做的就是通过对比找出直播过程中的亮点与不足。

下面我们以某主播的一场直播为例，一起来了解一下主播应该如何找出自己的亮点与不足。

亮点：在直播过程中，主播快速找准了粉丝需求；分析了粉丝特征，并根据粉丝的不同需求选择了合适的产品；在直播中发起了互动游戏，大量用户参与其中；直播视频封面提升了点赞量；整场直播销售额超出了预期。

不足：某些互动话题设置不合理，直播间用户有轻微的抵触情绪；产品价格还有降低的余地，选品团队需要进一步与商家对接；

粉丝流失较快。

需要注意的是，在复盘的结果对比环节，主播并不需要提出方法，只需要陈述结果即可。

分析原因

在结果对比完成后，我们就要进行深刻的复盘了，简单来说，就是主播要弄清楚究竟是什么原因阻碍了目标的实现。

分析原因一般可分为以下三步来进行。

叙述过程

叙述过程涉及整个直播带货团队，其目的是向所有参与复盘的工作人员讲述事情的经过，从而为大家创造讨论的基础。

自我剖析

自我剖析要求复盘人员分辨事情的可控因素，弄清楚是自己负责的部分出现了问题，还是其他人负责的部分存在问题。复盘人员在进行自我剖析时，一定要客观，做到不给自己留情面。

众人设问

众人设问是指复盘人员通过团队视角设问，突破个人认知的边界。在众人设问的环节，复盘人员要做到探索多种可能性。

我在这里提供两种分析原因的实用方法：一是通过鱼骨图层层剖析，二是用表格呈现成败的具体原因。

总结经验

我们在做直播带货复盘的时候，最重要的是要从行动中总结经验教训，并有的放矢地进行改进优化。

具体来说，在进行复盘总结的时候，主播一定要明确以下 4 点（如图 9-2 所示）。

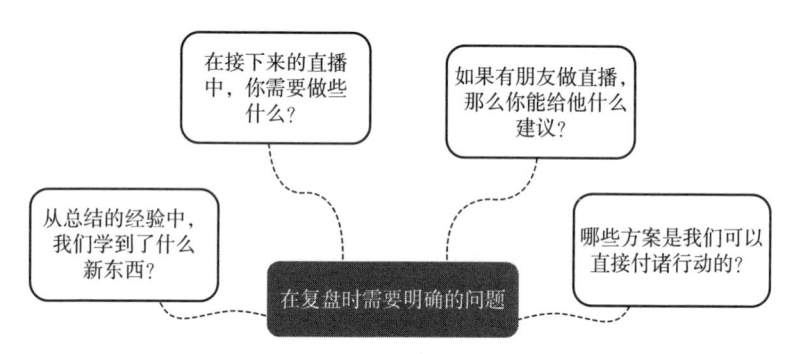

图 9-2　在复盘时需要明确的问题

此外，为了判断复盘的结论是否可靠，在复盘的过程中，我们还应该反复问自己以下问题（如图 9-3 所示）。

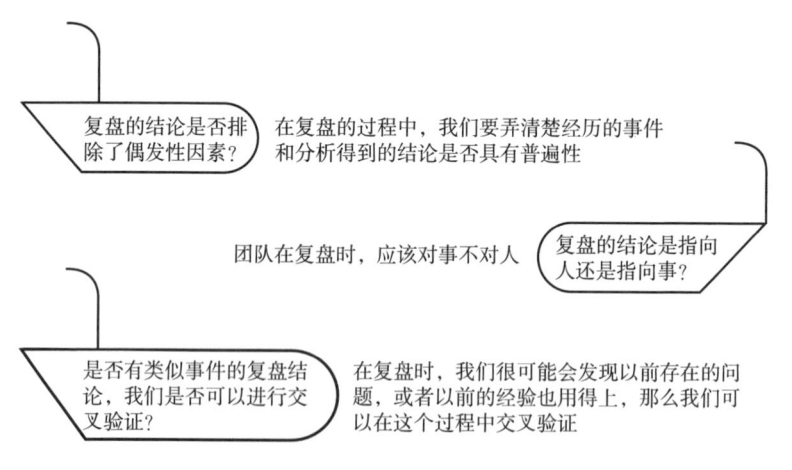

图 9-3　在复盘时应反复问自己的问题

将经验转化为结果

要想让复盘的结果真正发挥作用，主播就必须将其落实到具体的行动计划中。简单来说，就是要将经验转化为结果。

具体来说，在将经验转化为结果的过程中，主播必须要考虑以下三点。

开始做什么

这一点是指主播根据经验教训，为了改进直播间当前的运营现状，主播可以开始做什么事情。

停止做什么

直播团队通过复盘，可能会发现部分不当的做法，那些不当的做法就是直播团队需要马上停止的。

继续做什么

直播团队要找出表现良好或者需要继续保持下去的直播间运营方法，然后将这些方法坚持下去。

评判结果

在完成经验转化这一步后，复盘基本就结束了，但这并不是复盘的终点，接下来，主播还需要确定一个结果评判标准，并通过标准去判断复盘的效果。

复盘结果评判应该如何进行呢？一般来说我们可以参考以下方法。

对复盘结果进行假设

在对复盘结果进行假设时要做好两种准备：正面假设和负面假

设。正面假设是指有效的直播间运营方法和良好的运营结果，负面假设需要主播列出可能出现的负面信息、不良影响等。

做测试版实战

主播要根据复盘结果做测试版实战，在实战中主播要清楚地看到复盘结论，如此才是有效的。

第 10 章

第 64~72 天 直播间社群裂变：层层裂变，汲取最大的私域流量

移动互联网技术的飞速发展打破了时间与空间的隔阂，随着人与人之间的沟通成本大大降低，人们渴望在互联网的世界里找到志趣相投、三观相符的人，社群便应运而生，这种客户和品牌之间路径最短、效率最高、成本最低的沟通方式，也是直播带货中最重要的吸粉和用户维护工具。

社群，流量的前沿阵地

提到社群，相信很多主播都不陌生，毕竟，在 QQ 群、微信群、豆瓣小组等网络社群扛起了社交媒体半边天的今天，社群早已成为流量的前沿阵地。但如果我要把社群和直播卖货画上等号，那么这其中的门道相信并不是所有人都懂。

接下来，我将和大家一起来聊一聊主播如何利用社群来汲取最大的私域流量，实现直播间流量裂变的相关话题。当然，在介绍具

体的操作方法之前，我们首先要弄清楚社群的概念。只有在真正理解了社群并把社群研究透后，主播才能更好地发挥社群的价值，把社群变为自己直播的好帮手和好工具。

社群是什么

在和一些主播的交流中，我发现，他们中的大多数人在聊到社群时，往往都能说上几句，并且也能够敏锐地意识到"社群+直播"的价值。然而，在谈到对社群的具体理解时，他们总是似是而非，有些人甚至还会简单地把社群理解为QQ群或微信群。从本质上来说，这种理解并没有错，但并不全面。如果想要真正理解社群的含义，那么我们可以从以下三个层面出发。

社交层面

经营社群就是经营人与人的关系，特别是要建立信任关系。一个社群必须要让成员产生归属感，从某种意义上来说，一个家庭、一家公司、一个国家都可以说是一个社群。因为无论是家庭、公司还是国家，它们都能让人产生强烈的归属感。

社群之所以能够把人们聚集一起来，是因为人们有着相同的价值观和同频的认知，只有具有相同价值观、共同兴趣爱好以及认知同频的人，才能形成一个社群。所以，社群最大的价值就是连接，它不仅可以连接人与人，还能连接人与产品、人与品牌。

所以，我们不能把社群看成一个简单的QQ群或微信群，而是要在人际关系塑造和用户关系管理的层面去看待社群，不具备一定管理能力的人是做不好社群的。

工具层面

很多人把社群等同于QQ群或微信群，这是不准确的，因为社群的形态有很多种，QQ群或微信群只是其中两种，微博群、豆瓣小组、论坛、线下社团都是社群的不同表现形式。实际上，社群是一个集用户管理、销售、营销等功能于一体的工具。

从直播卖货的层面来说，主播要想更好地把直播间的产品卖出去，就要借助社群的力量把直播间的现有用户和目标用户有效地聚集在一起，以此来增强用户黏性或者直接形成转化。

并且，和卖货直播间一样，社群本身也是产品销售的重要渠道，很多爆款产品的引爆都是在社群中发生的，还有一些品牌的传播也是从社群中开始的。总而言之，主播要把社群当成一个重要的营销和转化工具，并充分挖掘和利用它的价值。

用户关系层面

从用户关系层面来看，社群有两大作用。

维护关系

相信大家都听过一句话："真正的销售是从成交那一刻开始的。"由此可见，产品成交以后的后续服务对企业和商家来说至关重要。后续服务做得好，一来可以提升客户复购率，二来可以获得口碑，不断招来新客户。建立客户群则是一种高效率、低成本的客户维护方式。以直播卖货为例，在直播结束、产品卖出去之后，主播可以通过社群来解答用户疑问，挖掘用户需求以及吸收新的目标用户。

聚集种子用户

何为种子用户？种子用户是指商家在产品上线初期积累的客

户。这类用户往往是最忠实、黏性最高的。主播可以利用社群积累种子用户,比如建立产品内测群或者发烧友群,著名的小米论坛最开始就是一个种子用户聚集地。

以上就是社群的几层含义。总之,主播要想玩转"社群+直播"的吸粉、营销和转化模式,首先就要通过分析和探究社群的含义,对社群有一个更加清晰和全面的认识。

社群的六大类型

在了解了社群的含义后,我们再来看看目前有哪几种比较流行的社群类型。我把目前的社群分为了以下六大类:产品型、学习型、服务型、连接型、价值观型和兴趣型。

这里需要注意的是,因为社群的形态丰富多样,有些社群可能并不能被单纯地定义为某一类社群,是兼具两种甚至好几种社群类型的特征。

产品型社群

产品型社群就是以产品为核心的社群,比如,一个因盲盒、交换盲盒而产生的社群,就是以盲盒这个产品为核心而形成的产品社群。

学习型社群

学习型社群是以分享、交流和学习为目的组建的社群,社群成员聚集在一起就某个课题进行研究和学习。这类社群往往带有培训、交流和咨询的功能。

服务型社群

服务型社群就是为成员提供具体服务的社群。比如,M.E 闺密社群就是一个服务型社群，它把有相同需求和爱好的年轻女性聚在一起，为她们提供花艺课程、茶艺课程、红酒品鉴课程、瑜伽健身课程、瘦身美容服务和女性创业指导等服务。

连接型社群

连接型社群就是把某一类目标用户连接在一起的社群，其主要功能是连接人脉和整合资源，也就是在人与人、人与资源之间发挥连接的作用。连接型社群又被称为资源型社群，这种类型的社群一般不会直接变现，它只提供变现的方向和渠道。

价值观型社群

价值观型社群就是利用正能量的活动聚集用户的一种新型社群。这种社群的规模往往非常大，它可以帮助社群成员养成好习惯，培养正面的价值观，传播正能量。具有相同价值观的人通过社群聚集在一起，社群成员之间会形成一股非常大的凝聚力，所以价值观型社群的成员数量多且稳定，目前属于主流社群。

兴趣型社群

兴趣型社群就是由具有同样兴趣爱好的人所组成的社群，比如吃喝玩乐群、动漫爱好者群、追星群等，这些社群往往比较封闭，功能性非常强，能解决社群成员特定的需求。

如何从 0 到 1 构建你的第一个社群

在前文中，我已经介绍了社群的含义和具体分类。人们常说："万丈高楼平地起。"作为主播，你建立社群的目的一定是想让社群为直播服务的,而实现这一目的的前提是,你首先得建立一个社群。在本节中,我将手把手地教大家从 0 到 1 构建第一个社群。一般来说,一个社群的构建主要包含以下 5 步。

确定社群载体

简单来说,社群其实就是一群志同道合的人聚集的地方,建立社群就是把这些志同道合的人召集起来的过程。在召集之前,主播首先应该确定要把这些人召集到哪里,即为自己的社群确定一个载体。比如,豆瓣、天涯、猫扑等,这些都是比较热门的社群载体,这些社群载体本身也具有沟通交流的功能。

为了方便大家选择社群载体,我把微信群和 QQ 群的各个方面做了一个比较表格。主播可以通过下表来挑选合适的社群(如表 10-1 所示)。

表 10-1 微信群和 QQ 群的比较

	性能	微信群	QQ 群
	最大群规模	500 人	2 000 人
创建群	建群要求	直接拉人和面对面建群 1. 群内超过 40 人,发出的入群邀请需要对方同意 2. 群内超过 100 人,对方需要通过实名验证才能接受邀请	需要填写群的分类及群名 1. 普通用户可以创建一个 200~500 人的群 2. 年费会员可以创建 1 000 人群 3. 超级年费会员可以创建 2 000 人群
	群显示入口	1. 消息列表显示 2. 已保存的群可以在通讯录中查看	1. 消息列表直接显示 2. 消息列表 + 群助手显示 3. 联系人中查看

续表

	性能	微信群	QQ 群
创建群	群公告	2 000 字，单次只显示一条	15~500 字，允许多条，可设置置顶 支持文字、表情、图片、视频
	群特色	无	群介绍、群标签、可升级同城群等
	群推广形式	1. 群二维码 2. 个人邀请入群	1. 群二维码 2. 群链接 3. 群主及管理员邀请 4. 群成员邀请入群 5. 搜索 QQ 群号 6. 通过标签、名称形式查找
群运营	群成员头衔	支持设置群昵称	群成员可以修改群昵称，管理员可以设置成员头衔
	群成员权限	除群主外，群成员的权限都是一样的	群主拥有最大权限，其次是管理员，他们可以踢人、禁言、传群文件等，权限最少的是群成员
	群玩法	群红包、群收款等	除了具有的功能外，QQ 群还有匿名聊天、送礼物、音分享乐、投票、群订阅、群问问、群作业等 20 余项功能

通过二者的比较，我们可以直观地看出：QQ 群更开放，功能更多、更全面，管理更方便。但是这并不意味着 QQ 群就是你最好的选择，这还要取决于你的用户聚集在哪里，以及用户的年龄。如果你的用户是 70 后或 60 后，他们可能没有 QQ 号，那么微信社群明显更适合你。总之，社群载体的选择一定要结合产品特点、载体特点、用户情况等多方面去考虑。

精准定位社群成员

一个群体因为同一个目标暂时抛弃个体的想法而聚在一起，就组成了社群。如果想要达到这个目标，社群成员对这个目标的认知就必须是明确、清晰的，那么我们应该对这个社群进行一个精准的定位，让成员可以通过社群的定位来获得某种东西，比如精神上的慰藉或是物质利益等。只有让社群成员与这个社群建立紧密的联系，社群才能生存下去。

在定位之前，我们还应该做好相关准备。

首先，我们应该找到社群的目标成员，对于这部分人的定位必须精准。如果他们不符合社群的定位，那么这些人即使组成一个社群，这一社群也不能发挥其应有的作用。

其次，我们要充分了解用户的需求是什么。例如，教育培训机构组建的考试群把考生聚集在一起，那么机构对考生的需求就应该了如指掌，比如考生在学习过程中需要什么资料，有没有好的学习方法，具体的练习题应该如何分析等。

最后，我们要有对自身管理运营的定位，主播要对自己是否有精力做好管理运营，能否带领成员实现社群目标，对于社群成员的许诺能否兑现等，有清晰的认知。

在做好相关准备工作后，通常我们会采用垂直定位的方式来确定社群的性质，这种定位的要点在于：定位在精而不在多。基于某一垂直领域的社群，能够让社群成员在后期产生更多的归属感。

搭建社群组织框架

在确定了目标成员之后,接下来我们就需要搭建社群组织框架。通常,根据社群规模和群成员数量的不同,我们又可以将社群分为基础版、进阶版、高阶版三个不同版本。这三个不同版本的社群也具有自己不同的组织架构。

基础版

基础版社群主要是指规模较小,社群人员较少的社群。这时候,社群主要是依靠群主和群助手去维系群内事务,其组织架构也相对简单(如图10-1所示)。

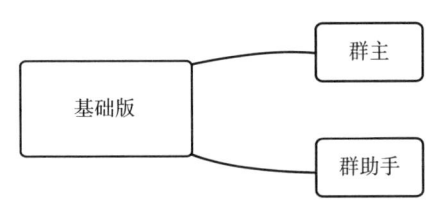

图 10-1　基础版社群的组织框架

进阶版

如果社群本身已经小具规模,群成员也相对较多,仅仅依靠群主和群助手去维系群内事务也就不现实了,这时候,社群的管理就需要吸纳群成员加入,相应地,社群的组织架构设计也应该更为精细(如图10-2所示)。

高阶版

如果社群的规模进一步扩大,社群成员达到了几百甚至上千,社群的组织架构就需要更进一步地细化了,结合我自己的实战经

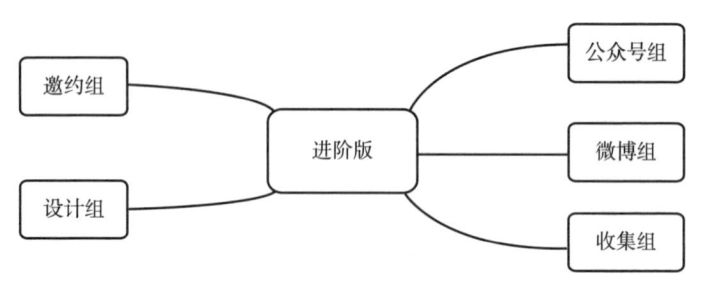

图 10-2 进阶版社群的组织框架

验,我建议,高阶版的社群可以借鉴高校社团的运营模式(如图 10-3 所示)。

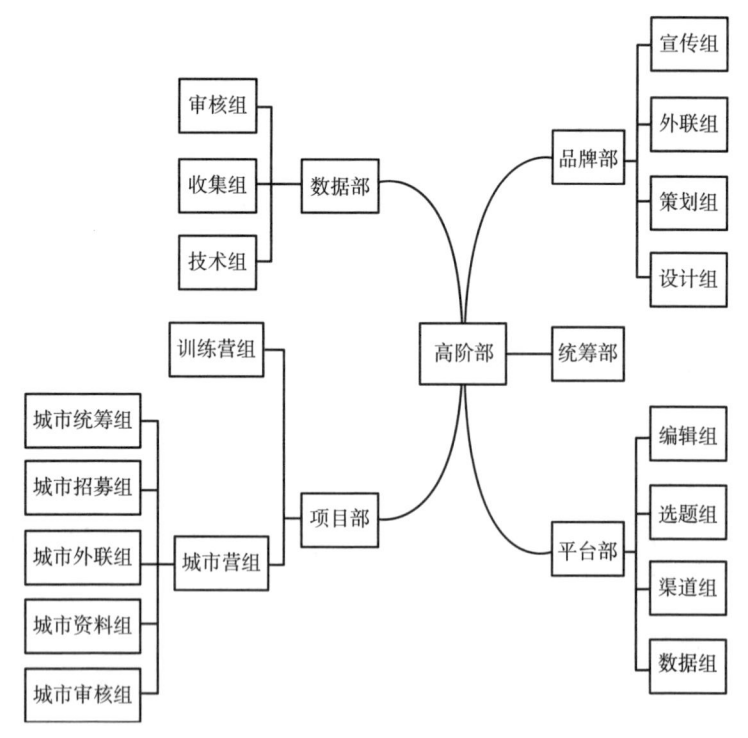

图 10-3 高阶版社群的组织框架

总之，不同规模的社群，组织框架搭建也不同。

完善社群制度

在搭建好社群的框架后，我们就要着手完善社群的各项规则和制度了。首先，我们需要制定一个完善的社群制度，好的社群制度是保证社群良性活跃的关键。一般来说，社群制度主要包括以下三个方面。

日常交流制度

完善的日常交流制度，可以提高社群管理的效率，降低管理的难度，还能避免争执和纠纷，因此制定一套完整的社群日常交流制度是十分必要的。下面我列举了三条比较常用的制度供大家参考。

- 未经群管理员许可，禁止在群里发布广告。
- 学会聆听他人的意见，在其他成员没有表达完自己的观点前，不要插话、刷屏或者故意打断其发言。
- 倡导大家踊跃发言，但在质疑别人的意见时必须要有自己的理由，不得对他人进行人身攻击或是在群里恶意捣乱。

如果群成员能够坚守这些制度，那么社群内的发言质量会大大提高。

入群制度

入群的方式包含以下 5 种，我们可以根据自己的需来灵活选择。

邀请入群

邀请入群的入群方式，指的是只有当群主提出邀请时，被邀请者才能进群。这样的入群方式可以有效保证社群成员的质量，比较适合小型的优质社群。

任务入群

任务入群指的是想入群的人需要完成一定的任务才能入群，比较常见的方式就是在朋友圈收集点赞然后截图。任务越复杂，群成员的质量越有保证，因为复杂的任务往往能证明一个人想要入群的决心。

付费入群

付费入群常见的方式就是买资料进群或买会员进群等。与任务进群类似，成员付费的金额越高，社群的质量就越高，因为群成员愿意为这个群付出的金额越高，说明他越看重这个群，所以一般来说入群的费用与社群的质量是成正比的。

申请入群

申请入群指的是想入群的人需要填写申请，由群管理人员审核后才能进群。

推荐入群

推荐入群是指由群成员推荐入群的方式，不过，每个群成员的推荐是次数限制的，这样才能保证社群的质量。

社群规模化

在社群发展的初期，小社群里每个成员的存在感很强。到了社群发展的中后期，社群成员组成逐渐多样，情感归宿和价值认同是社群的核心，所以规模越大的社群，社群内部越容易出现情感分裂，所以，我们在让社群逐渐规模化的过程中应该考虑到两个问题：

- 是否真的有必要通过复制扩大社群的规模？
- 是否真的有能力维护大规模的社群？

想让社群规模化，群主需要从社群的垂直领域、社群的发展阶段以及社群运营成本等方面来综合考虑。

以上就是构建社群的五大步骤，这五大步骤都非常关键，无论哪一步骤存在缺失，都会让社群先天不足，后期的运营和引流也会遭遇阻碍。

社群营销：增强粉丝黏性，提升社群影响力

社群营销已经成为直播的一种必要营销手段，但是社群的营销方式有成千上万种，主播该如何打造有影响力的社群，起到"四两拨千斤"的效果呢？在此我给大家介绍4个妙招，相信一定会对你的社群营销有所启发。

欢迎仪式

大家都有这种体验：当我们进入一个新群的时候，显示的是谁邀请你进入什么群，加入群的人以及一大堆的人名。这时候，大多

数朋友都会有一种好奇和淡淡的不安感。我想，一个热烈的入群欢迎仪式能帮助新入群的成员消除这种感觉，逐步建立信任。

扑面而来的欢迎，会让人觉得这个社群非常热情，当然群主在语言组织和表达形式上还可以更加完善。

总体来说，这个操作虽然简单，但是一个新群在建好之后，主播一定要坚持做这个动作，简单的事情重复做，就是一种潜移默化的教育，教育大家一起跟随，在跟随中逐渐形成一个习惯，有了这个习惯，也就有了打造有影响力的社群的基础。

为群内成员提供价值

在社群形成文化之后，主播就要为群成员提供一些价值。因为每个进入群里的人，都在期待参加社群活动，那种期待的心情你一定理解。

人们进入一个群，不外乎有几个原因：对主播和商家的热爱，想要掌握新的资讯，想要拓展人脉，寻找一些新的项目或者机会等。主播提供的价值，就可以从满足粉丝的需求开始（如图10-2所示）。

群成员自我介绍
自我介绍要醒目，内容包括常住城市、从事行业、有什么资源、想要什么。这也是最基本的介绍，在做自我介绍时，群主最好能为群成员提供模板，否则内容会很乱。

帮助全成员推广
群主可以先从那些活跃的人开始，把他们的名片发在群里，或者组织群里的朋友在24小时之内相互介绍好友，这样就满足了人们拓展人脉的需求。

图10-2 为群内成员提供价值的两大技巧

建立闪聚闪散群

带货主播要做直播前的预热,因此常常需要做闪聚闪散的分享群。闪聚闪散群的生存时长一般是 24 小时,在主播向群内人员分享了直播的时间或话题后,主播就可以告诉大家,本群已经完成使命,将在明天中午 12 点准时解散,请大家互加好友。

每次在宣布这种消息的时候,有的群友会问这么有价值的群为什么要解散,下一次怎么相聚等,此时,主播就可以在群里推出下一次分享的内容,告诉他们添加群主微信,进行签到就可以进入下一次的分享群。

事实证明,每一次解散一个群,都会为新群主吸引几百位有相关需求的粉丝。解散群也是为了让主播建的群更有价值,没有人去维护的群或没有主题的群,就没有留着的必要。

维护核心粉丝群

一口不能吃成个胖子,对普通的主播来说,不要想着一开始就能拥有大量粉丝,而是应该先维护好核心粉丝群。什么是核心粉丝群?就是那些始终观看你的直播,并对你有深度信任的人组成的群。主播可以先要把这部分人聚集在一起,让群成员可以在轻松的氛围下畅所欲言,相互认识。

在维护好核心粉丝群之后,你就可以根据群聊天内容,进行分析并延伸出一种"亚文化",即大多数群成员都感兴趣的内容或文化,这种"亚文化"能够很好地指引直播的运营。为了方便管理,主播可以在社群里找一个具有号召力和管理能力的小伙伴来对社群进行基本的运营管理和维护。

如果主播一开始就在核心粉丝还没到位的情况下大刀阔斧地建设大群，固定内容，而这个社群缺乏一个有力的支柱，那么这个群很容易垮掉。一旦粉丝群有了核心粉丝情况就不一样了，核心粉丝会带领整个社群往正确的方向发展。

主播在维护核心粉丝群时，可以采用准入制，即设置一个门槛，只让核心粉丝进群，不能让打着核心粉丝旗号的假粉丝进群。

本节介绍的社群营销的操作方法十分简单，谁都可以实践，只要你稍加学习和模仿，就可以达到很好的营销效果，现在，你唯一要做的就是：开始行动！

如何用社群撬动百万直播观看量

相信大家也发现了，在前面的内容中，我一直在强调主播一定要能够玩转社群，学会把社群和直播结合起来，让社群为直播赋能。

毋庸置疑的是，社群的火爆和微信、QQ等即时通信软件的发展是分不开的，这些把人与人连接起来的工具不仅直接催生了社群，也为它的发展提供了土壤。而且微信、QQ等通信软件本身就拥有海量的用户流量，所以从社群出现的那一刻起，它就具备了丰厚的流量红利。

另一方面，在社群经济的模式下，用户的轨迹不再是"单向箭头"而是一条回路。通过社群，营销行为能够具备更高的可信度。

在这两大作用的推动下，如今，社群已经成为流量变现的前线阵地。如果主播想在竞争激烈的卖货直播行业中杀出一条血路，那么主播必须掌握社群的运营方法，把社群与直播结合起来。

看到这些，相信许多人都会产生这样的疑问：社群和直播之间，又具有怎样的内在联系呢？要想用社群为直播赋能，主播具体应该如何操作呢？这也是本节要为大家重点解决的问题。

社群与直播相辅相成

从本质上来说，社群和直播之间其实是相辅相成的关系，这也是为什么当直播遇上社群时，二者能够产生"1+1>2"的效果。

社群为直播提供前置引流

按照惯例，在直播卖货之前，为了实现传播量的最大化，主播一般都会提前在网站或者海报上预告直播的时间以及房间号，但是这样的方式太被动，转化率太低。

此时，主播如果转换思路，运用社群的力量，通过建立社群，把所有感兴趣的用户提前拉到群里，通过前期的情绪铺垫、气氛渲染，加上部分粉丝的配合，当直播开始的时候，关注度就会迅速升高。

并且，通过社群进入直播间的用户，往往都是有需求的目标消费用户，其后期的黏性也比普通用户更强。因此，我们可以说，社群为直播间带来的流量，都是最优质、转化率最高、黏性最强的私域流量。

直播能增加社群的活跃度

社群可以为直播提供前置引流，同样，直播也可以为社群增加活跃度。我们都知道，一个高人气的社群绝对离不开精彩的内容，而直播就是非常好的资源。相对于普通的图片、文字输出，视频直播传递的信息量更大，形式更新颖，并且直播具有即时性，能增加群内的活跃度。

总之，就如那句经典的广告语所说的那样"下雨天和巧克力更配哦"，社群和直播也非常的般配。如今，在偌大的互联网中，各行各业都在利用社群这个概念来改变自己未来的发展路径。而作为站在时代风口的主播，你更应该有这样的意识和觉悟。

社群引流的基本逻辑

通过前文的分析，我们已经明确了一件事，那就是社群能为直播提供前置引流。这个引流实际又该如何去操作呢？在探讨具体的方法论之前，我们先来了解一下社群引流的基本逻辑。

在现实的生活中，如果大家认真观察自家小区附近的人群，就会发现，小区门前的广场上总有大妈在跳广场舞；小区的凉亭是大爷的聚集地，他们常年在那里下棋；小区里的林荫道是养狗一族遛狗的地方，他们经常在这里和爱宠嬉戏……

如果我们把整个小区看成是微信平台，那些自发聚集在不同区域的人群就像一个个微信群。而我们所说的社群，就是把现实中人群的聚集搬到了线上，无论是线下的聚集，还是线上的社群，都是人与人的连接方式。

我们再深入思考一下，为什么有的社群始终保持着活力，具有极强的吸引力，有的社群却很快就解散了呢？比如，小区里张大妈建立的"彩虹广场舞社团"持续运营了5年，人数一直在增加，每天晚上8点准时出现在小区广场；而李大爷建立的"夕阳红垂钓社团"只运营了一年，就已经处在了解散的边缘。

前面我们已经说过，社群是人与人之间的连接，而从连接的角度来讲，张大妈的"彩虹广场舞社团"之所以能一直保持活跃，无外乎有两点原因：一是其实现了精神连接，二是其实现了数字连接。

首先，广场舞是大爷大妈晚年精神生活的重要组成部分，它不仅有益身体健康，还能放松身心、陶冶情操。而且广场舞跳得好的大爷大妈会受到大家的赞扬和欢迎，大爷大妈也能因此获得精神上的愉悦。广场舞不仅是大爷大妈的共同爱好，也是他们共同的精神寄托，因此，广场舞社团的成员之间有很强的精神连接。

其次，广场舞社团的大爷大妈不仅互相加了微信好友，还建立了微信群，他们经常在群里一起挑选音乐，分享舞蹈视频，哪天谁不能来，也会在群里说一声。大爷大妈的社群不仅在线下活动，还延伸到了线上，而且他们在线上的互动也非常活跃，因此，广场舞社团成员之间的数字连接十分紧密。

这两大原因，也正是社群引流的基本逻辑。我们也可以用一个公式来表达这个基本逻辑（如图10-3所示）。

精神连接 ✖ 数字连接 ＝ 引流能量值

图10-3　社群引流能量值公式

如何用社群撬动百万直播观看量

根据上文中总结出的社群引流逻辑，我们可以得出利用社群撬动百万直播观看量的两大有效措施。

抓住用户的需求点建群，实现群成员的精神连接

要想让你建立的社群具有更强的引流能力，那么在建群之初，你就必须为你的社群找到核心基点，即你的这个群是做什么的，能为群成员带来什么，人们凭什么要选择加入你的群。

并且，这个基点一定要从直播卖货的角度去确立，如果你设立的这个社群和直播卖货毫不相关，那么社群的引流能力再好，也是徒劳。

如果你的直播经常会做秒杀、限时抢购等活动，你就可以将其作为社群的基点，建立一个"特惠群"，吸引一些想买实惠商品的用户。如果你是一个卖课程的主播，那么你可以搭建一个学习型社群，吸纳一些对课程感兴趣的用户。如果你是以卖酒、卖化妆品等固定产品为主的主播，那么你可以搭建一个产品型社群，吸纳一些对这类产品感兴趣的用户。

总之，你搭建的社群，一定要充分考虑用户的痛点和需求，着眼于客户的兴趣或情感，这些痛点、需求、兴趣、情感等，就是你搭建社群的核心基点。

活跃粉丝群，实现群成员的数字连接

试想一下，你辛辛苦苦建立了一个社群，通过精神连接，确实将一些直播间的观众吸纳进了社群，然而，建好后的社群冷冰冰地"躺"在那里，平时几乎没有人发言，像一潭死水。在直播开始之前，你往群里甩个直播房间的链接，最后真正会打开这个链接的人又有多少呢？

所以说，通过精神连接建立社群还只是第一步，如果你想增强社群的引流能力，使你的社群成员成为你直播间的固定粉丝，那么你还要想办法实现群成员之间的数字连接，即活跃群粉丝。

比如，在前面提到的案例中，"特惠群"就可以定期由主播发放一些直播间优惠券，预告直播间即将抢购的特惠商品信息等；学习型社群就可以定期由主播在群里分享一些课程知识，并引导社群成员进行学习打卡等；产品型社群就可以由主播分享最新的行业资讯和产品资讯等。

在完成了以上两步后，利用社群为直播引流的基础就打好了，接下来，就是主播收获社群红利的时刻了。总之，主播做社群的本质就是为了经营用户，构建与用户之间的多重连接，维护与用户之间的关系，相应地，你的社群也一定要能服务于你的直播，能对你的卖货起到一定促进作用。

第 11 章

第 73~81 天 "翻车"应对：信任纽带如何维系

直播不可重来，在直播的过程中，主播遭遇各种突发状况在所难免，所以如何应对这些突发状况，也就成了衡量主播职业素养和带货能力的重要标准。对优秀的主播而言，危机也能变成机会；反之，对不合格的主播而言，一点儿小的意外也可能成为直播"翻车"的导火索。

"头部主播"必备的应变能力

所谓直播，就是没有经过预演，直接进行的播出方式。这也就决定了在直播的过程中，发生突发状况是在所难免的。比如，观看直播的用户毫无征兆地提出尖锐的问题，直播过程中突然断网或断电，准备好的产品在展示过程中出现状况等。

作为头部主播，一定要具有相应的应变能力，做到无论面临怎样的境况，都可以面不改色心不跳地从容应对，只有这样，才能让因意外产生的负面影响降到最低。

在直播卖货的过程中，"头部主播"究竟应该具备哪些应变能力呢？我认为主要有以下几点。

话题掌控能力

在一场直播中，主播既要扮演主持人的角色，又要扮演推销员的角色，这两种角色对语言功力的要求都是非常高的。而语言心理、语言效果以及话题掌控能力又是决定主播语言能力的重要因素，必须均衡发展，缺一不可。

我们都知道，直播最大的特点之一就是主播要与直播间用户进行深度的交流，这也就意味着，在直播的过程中，主播一定要抓住核心话题，深刻地理解话题，并就话题进行一定的发挥，只有这样，主播才能更好地掌控直播间，带动用户交流。

此外，在直播的过程中，用户的留言往往是不受控的，也是没有任何彩排的，这也会导致某个用户可能会突然抛出一个尖锐的话题。面对这种情况，如果主播没有良好的语言功力和话题掌控能力，直播就会受到一定的负面影响。反之，如果主播具有良好的话题掌控能力，其就能做到春风化雨、转危为安。

快速机智的临场反应能力

在直播的过程中，主播可能会碰到各种各样的突发状况。比如，展示的产品出现问题，主播与直播团队中的其他工作人员配合失误，设定的环节未能按照计划顺利进行等。一个人的潜力和智慧都是被逼出来的，越是这样的突发状况，越考验主播的应变能力，也越锻炼主播的业务能力。

在前面我已经强调过，主播在直播间扮演的其实就是主持人的角色。所以，在应对突发状况时，主播可以参考一些电视节目主持人的救场方式。

负面信息的接纳能力

由于职业的特殊性，主播始终都是被直播间用户甚至媒体高度关注的对象，因此在获得关注的同时，也会收到许多正面与负面的信息。主播虽然能够成为直播间用户的影响者，但当主播的某些行为与直播间用户的期望出现偏差时，主播也会受到负面信息的干扰。如果主播没有处理负面信息的能力，那么一旦负面信息开始扩散，就会对其直播事业产生很大的影响。

当然，许多时候主播或许无法控制负面信息发布的源头，却可以提升自己应对负面信息的能力。对此，我主要提出以下两点建议。

放平心态，控制情绪

一个人在遭受指责、吐槽、非议时都会产生强烈的心理波动，控制情绪从而减少心理波动幅度有助于直播主持人舒解压力。这就要求主播不要把注意力长时间放在负面信息内容里，多想想愉快的事情。

找到处理负面信息的正确方式

既然负面信息已经出现的事实无法改变，那么采用正确的处理方式将其影响降到最低才是正确的选择。关于具体如何处理负面信息，需要主播根据自己的具体情况进行选择。

以上是头部主播必备的三大应变能力。相信拥有了这些应变能力，即便是面对直播突发状况，你也能从容应对、不慌不忙。在接下的章节中，我也将继续为大家详细介绍直播卖货可能会遇到的一些突发状况，以及相应的解决方案，希望能够帮助到大家。

直播常见的突发状况及处理方案

不可否认的是，如今卖货直播已经成为一种趋势和潮流，而直播的最大特点便是永远没有重来的机会，这也就决定了在直播卖货的第一现场，总会有各种各样的突发状况发生，即便是像薇娅、李佳琦等知名度颇高的"头部主播"，也曾在直播时面临突发状况。

直播时通常会出现哪些类型的突发状况呢？面对这些意外状况，作为主播的你又该如何应对呢？归纳起来，直播间最容易出现的突发状况主要有以下三类。

技术故障：断线、卡顿、闪退等

直播间最常出现的突发状况就是技术故障，比如突然断线、卡顿、闪退，或者是连麦出现问题等。关于这一点，相信有卖货直播经验的主播都深有体会，几乎所有主播都曾遇到过这些故障，自然也包括其中一些直播经验非常丰富的"头部主播"。

比如，在某次直播活动中，薇娅就曾遇到了卡顿、掉线的情况。在状况发生后，许多用户都在评论中表示无法看到画面，而薇娅和助理也一直在向用户道歉，并试图寻找网络和信号比较稳定的位置。

同样，在2019年10月21日的直播中，李佳琦也遇到过技术故障，直播刚开播一会儿，设备便开始卡顿和掉线。在状况发生后，李佳琦迅速更换了设备，为了继续保持和用户的互动，小助理也一直在一旁不断发红包。

当直播卖货遇到技术故障时，主播应该如何正确应对呢？对此，我的答案是具体问题具体分析，并通过排查故障或是更换设备等操作来恢复直播。

一般情况下，技术故障主要有三种（如图11-1所示）。

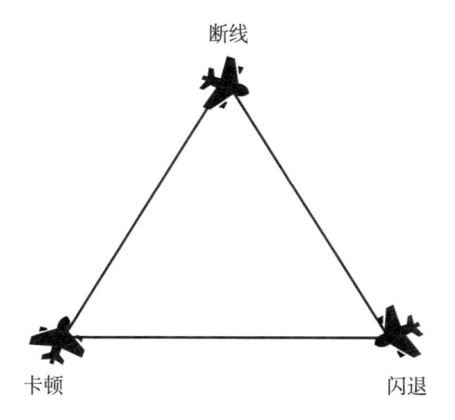

图11-1 三种技术故障问题

断线

直播突然中断的原因一般有两种：一是网络问题，二是因为违规而被淘宝直播处罚了。

网络问题很好解决，主播切换到网络稳定的场景继续直播就可以了，就如上文中提到的李佳琦的案例一样，当然，在条件允许的情况下，直播间最好能保证直播设备单独使用一条网络。如果是因为违规被淘宝处罚，那么主播可以登录淘宝直播 App 查看处罚原因和时长，再具体问题具体解决。

卡顿

出现直播卡顿的原因通常也有两种：一是网络环境较差，二是设备配置不行，带不动直播。

如果是网络问题，方法同上；如果是设备问题，那么主播及时更换自己的设备便可以解决问题。

闪退

导致出现闪退状况的原因也有两种：一是设备内存可能被其他程序占用，二是设备本身的内存就不够。面对闪退，主播最好的处理方式是重启程序后再次登录。

当然，除了以上提到的三种主要技术故障外，卖货直播可能会遭遇的技术故障还有很多，比如音画不同步、声音卡顿或是无声音等故障。不过，主播通过检查相关设备、重启程序、检查网络、更换设备等方式，一般都能很好地消除这些故障。

直播间氛围紧张：助理插嘴、用户闹情绪等

除了以上提到的技术故障，卖货直播最常遭遇的第二类突发状况便是因为助理插嘴、用户闹情绪等导致的直播间氛围紧张。

直播间并不大，人员的构成和工种却相对复杂，涉及主播与用

户、主播与助理、助理与用户、主播与商家等多条关系链，这其中任何一条关系链出现问题，或者直播现场稍微出现一点消极互动，都可能引发直播间情绪的波动。

一旦产生这种情绪问题，主播必须及时做出反应，化解尴尬，防止负面影响的进一步扩大。比如，主播可以用简短的几句话对情况做出解释，安抚用户情绪，再以专业的态度迅速投入产品介绍，或者用红包、抽奖等形式转移用户的注意力等。

总之，相较于技术故障，这一类突发状况显然更考验主播的控场能力。

产品问题：质量问题、价格问题、链接问题等

作为"人、货、场"中最核心的一环，产品本身在直播中的重要性不言而喻。因此，因产品问题导致的突发状况也是最棘手的一类，稍有不慎，就可能直接导致直播失败。

归纳起来，产品问题又可以被分为质量问题、价格问题、链接问题三大类。

质量问题

这里的质量问题，就是指产品本身的质量或性能在直播中出现问题。这一类问题对于直播的负面影响，在第八章中我已经做过详细阐述，这里就不再赘述。

根据我的实际经验，通常，像服装类、首饰类等不涉及具体功能的产品，在直播的过程中较少会发生意外状况，但这几类产品可能会有一些买家在收到货后进行投诉，关于这方面，国家也正在制

定和完善相关的法规和标准。而要避免因售后问题对直播造成负面影响，就要求直播团队在选品环节多下功夫，并且提高直播团队的售后能力。

对于那些有功能特点的产品，如果在直播的过程中，主播对产品不够熟悉或者操作失误，则更容易出现一些现场"翻车"事故。而要想避免"翻车"，主播就需要在直播前多熟悉产品，同时在直播时做到随机应变。

价格问题

"物美价廉"是直播最重要的特征之一，这也就意味着，主播，尤其是那些有一定流量的"头部主播"，通常能够以"全网最低价"拿到产品，有的主播甚至还会与商家签署报价协议，以确保在数月内该产品不会再以更低的价格出售。

然而，在实际操作中，并不是每个品牌或商家都能够遵守"最低价"的约定，这也就导致了直播间出现的产品，有可能并不是真正的"最低价"，一旦用户发现了自己购买的产品并非是最便宜的，就会直接导致用户和主播之间的冲突。

链接问题

除了以上提到的质量问题和价格问题，最容易出现的产品问题还有在直播过程中出现的链接问题，比如链接出错、链接失效、价格出错、优惠券失效等。

在出现上述这些问题后，常规的处理方式应该是主播首先将产品下架，或者呼吁用户不要购买，并对已经拍下了产品的用户道歉、退款。与此同时，主播应第一时间与商家进行交涉，更正问题。若问题得到及时解决,主播可以告知用户处理进展并号召用户继续购买;若问题无法得到及时解决,主播可以直接下架该产品,继续后面商品的直播。

以上我为大家介绍了直播间最容易遭遇的三类突发状况。当然,在现实的直播中,可能会出现的状况还远远不止这些。而要想更好地应对这些状况,就要求主播在日常的工作中努力修炼在前一章节中提到的应变能力,同时在直播前准备充足、在直播过程中仔细专业。

最后,我想强调的是,互联网是有记忆的,直播也永远没有重来的机会,对每一主播而言,每场直播都永远无法剪辑或重新策划。

李佳琦如何应对"不粘锅翻车"事件

提到"翻车"事件,大家肯定知道李佳琦的"不粘锅翻车"事件。应该说,导致"不粘锅翻车"事件的原因很多,抛开事件本身和事件发生的原因,单从事件发生后李佳琦的反应来看,他无疑给后来的主播做出了很好的示范。

本节,我们就一起来探讨一下李佳琦在"不粘锅翻车"事件发生后,是如何应对的。

李佳琦直播"不粘锅翻车"事件始末

"OMG,这绝对是一款又便宜又实用的不粘锅,各位女生不要错过了哦。"

2019年10月9日，当李佳琦在直播中用标志性的语言向用户强烈推荐某款不粘锅时，他大概做梦也没有想到，几分钟后，他会遭遇自己直播生涯中最大的"滑铁卢"。

　　在分析此次直播"翻车"事件之前，我们不妨重新梳理一下"不粘锅翻车"事件的始末。

　　在直播过程中，李佳琦在介绍这款不粘锅时，他的助手正面带微笑地将鸡蛋打到烧热的锅里。下一秒，画面就尴尬了，凝固的鸡蛋肆无忌惮地粘在了"不粘锅"上。

　　此时，助手显得有点手足无措，李佳琦当时并没有意识到问题，还在一旁和用户互动："我们让阿姨煎个牛排吧。"

　　又过了一会儿，李佳琦发觉情况不对，于是，试图救场的他从助手手里接过了铲子并强调："它不会粘的，不会糊的。"

　　遗憾的是，尽管李佳琦嘴里说着"不粘"，鸡蛋却完全不听使唤，牢牢粘在了锅里。

　　看到这种情况，直播间的用户开始不买账了，留言区里开始出现了"垮了"，"粘锅了"，"哈哈哈哈"等留言，质疑的声音越来越多。

　　到这里，事情并没有结束，麻烦接踵而至。在直播结束后，网络上开始出现了很多质疑李佳琦推荐的商品的声音。

　　除了用户发出的质疑声，在直播结束后，不粘锅品牌方也迅速发出了声明，表示直播中的产品符合国家标准，指出某些做法会引起不粘锅在烹饪时发生粘锅现象，并强调锅没有问题，是李佳琦不会做饭，疑似"甩锅"李佳琦。

至此，李佳琦直播"不粘锅翻车"事件愈演愈烈，他本人也因此陷入了从业以来的最大危机。

在面对这场危机时，李佳琦是如何反应的呢？

事件发生的原因

在分析李佳琦的应对之策前，我想首先为大家分析一下导致"不粘锅翻车"事件发生的具体原因，以此来提醒后来的主播更好地规避直播"翻车"事件。

归纳起来，我认为导致李佳琦发生"不粘锅翻车"事件的原因主要有两点。

碰了自己不懂的产品

众所周知，李佳琦直播间的用户以女性居多，这也就意味着，会有一些认为自己产品的受众也是女性为主的品牌找他帮忙带货，比如导致这次"翻车"事件的不粘锅品牌。

然而，不管是李佳琦，还是品牌商，都忽略了一个重要事实：李佳琦是护肤品和化妆品方面的"专家"，但他并不懂也并不熟悉锅类产品。如果他对产品不够熟悉，在直播的过程中其就有可能出现操作失误，从而增加直播"翻车"的概率。

用了完全陌生的样品锅

李佳琦的直播间产品主要以美容护肤品为主，其中最为大家所知的当属口红。而口红类产品最大的一个特点就是展示产品可以拿来就用。这样的试用方式显然并不适合锅类产品。对于这类产品，主播在展示前多试用、多熟悉是很有必要的。

李佳琦的应对之策

应该说，正是以上提到的两点原因，导致了这一事件。但不管怎样，"车"既然已"翻"，多说其他已是无益，关键在于如何把"翻车"带来的负面影响降到最低，消除用户的质疑，重新与用户建立信任。

在这一点上，李佳琦无疑为主播做出了很好的表率。归纳起来，他的应对之策可以总结为以下几步。

第一步：直面问题，立即回应，真诚道歉

在"不粘锅翻车"事件发生后，李佳琦第一时间在直播间回复了用户，称这一次直播"翻车"是因为助理在煎鸡蛋时没有放油，没有正确使用不粘锅，所以事故的原因在于自己，与生产厂家和产品无关，并就这次事件真诚地向用户道歉。

这种直面问题、诚恳道歉的态度，为他稍微赢回了一些局面。

第二步：立即下架涉事产品

在"不粘锅翻车"事件发生后，李佳琦立即下架了相关产品。这个举动，有效地避免了负面影响进一步扩大。

第三步：接受媒体采访，阐述事情始末

2019年11月2日，在"不粘锅翻车"事件发生近一个月后，李佳琦接受了澎湃新闻的独家采访。在采访中，李佳琦回忆了直播当天的具体情况，他提道：

> 当时直播的时候，一开始使用的锅是我家里用的那口锅，用了好几个月的。当时想给大家做展示，煎一点薯条啊、香肠

啊，展示一下不粘锅有多好用。同事怕我和小助理在展示时烫到或受伤，就急忙拿了另一口锅过来，这口锅本来是用来展示的，结果我们误以为这个锅是煮过沸水的锅，于是就直接拿它来煎鸡蛋，最后导致了粘锅的情况。

他还表示，在直播间煎鸡蛋出现粘锅的现象，是因为在使用这款不粘锅时，展示人员没有按照说明书上要求的"先放入水煮沸后倒掉"进行"开锅"操作。而当天他之所以会在直播间说"它不粘，它不粘"，是因为自己用了几个月从来没有出现过粘锅的情况，包括他们在6月拍抖音视频时，锅都没有出现问题。至于为什么在事件发生后没有立马回应，是因为他们认为不能没弄清原因，就直接把"锅"丢给品牌方，也不能把"锅"丢给同事，所以一直在找最负责任的答案。

除了对事情进行解释外，李佳琦还向记者展示了锅具说明书，并现场用旧锅、新锅做了试验，结果显示，在使用旧锅进行无油煎蛋时未粘锅，而在使用新锅进行无油煎蛋时则再次发生粘锅现象。

在采访视频中，李佳琦还幽默而真诚地表示，在事情发生后，他和他的团队买光了附近商店的鸡蛋，反复试验了几天，才发现问题出在没按产品说明书操作。

通过这次采访，李佳琦还原了事情真相，给用户一个交代，也试图重新挽回用户对自己的信任。

第四步：再次道歉，恳请监督

在完成了以上三个步骤后，李佳琦还做出了最后一个至关重要的举动，那就是再次就"不粘锅翻车"事件向大众道歉，并诚恳地提出希望在以后的直播中，继续接受大家的监督。

以上我们为大家分析了李佳琦直播"不粘锅翻车"事件，希望大家可以从中领悟更多危机处理的方法。

网易严选如何扭转一场危机

在直播的过程中，出现突发状况在所难免。所以在现实的直播过程中，许多主播总是害怕发生意外，尤其害怕发生"翻车"事件。

事实上，不管是意外状况，还是直播"翻车"事件，都没有那么可怕，如果处理得当，它们甚至还能给直播带货"锦上添花"。在这一点上，网易严选为我们做出了很好的示范：在一场被控诉产品侵权的危机事件中，网易严选"借力打力"，最终不仅成功化解了危机，还巧妙利用危机公关使产品销量倍增。

本节，我将为大家详细介绍网易严选的这场堪称"教科书"级别的危机公关，希望大家可以从中学到更多的危机处理经验和"翻车"应对方法。

事件始末

2017年5月23日，最生活毛巾发布了一篇公关文——《致丁磊：能给创业者一条活路吗？》，在这篇文章中，人称"毛巾哥"的最生活创始人控诉网易严选销售的一款毛巾产品侵权。毛巾哥表示网易严选违规使用了"G20专供"字眼来描述产品。

面对突发危机，网易严选并没有自乱阵脚，相反，它采取了相当睿智的应对和反击策略。

2017年5月24日，网易严选在其公众号上发布了一篇名为《我有一个创业者的故事，你想听吗？》的文章，指出其网站上的毛巾是依法销售的，并无侵权行为。毛巾由网易严选供应商——孚日集团的技术团队经过多年的测试研发完成，所有核心技术专利等都归属于孚日集团，并非是最生活。

与此同时，网易严选还直接指出了最生活毛巾的侵权黑历史和强行碰瓷行为，一场有关侵权维权的大戏一触即发。

正当外界认为这可能又是一起小公司成功碰瓷大公司的案例，最生活毛巾会因此名声大噪之际时，网易严选却反其道而行之，突然宣布将广受争议的那款毛巾的销售价格从原价29元降价至12元，并且还推出了买12条送8条、买24条送18条的促销活动。同时，对于那些之前已经购买了该毛巾的用户，网易严选承诺可以退货退款。

此举一出，消费者争相购买，一度让网易严选的毛巾脱销。而在推出促销活动之余，网易严选还发布了全新单曲——《网易严选退钱了》。

通过这一系列动作，网易严选成功地将一场涉及产品侵权的危机事件转化为一个宣传契机和促销契机。

借力打力，把流量变成销量

网易严选在这场危机中，有哪些是我们可以学习的地方呢？我认为主播最应该学习的便是网易严选的借力打力。

从整体来看,在这场危机中,网易严选做得最漂亮的便是不仅及时对"毛巾哥"的产品侵权控诉进行了解释和处理,最大限度地消除了"侵权"指责带来的负面影响,而且将这场危机带来的流量全部转换成自己的销量。

我们可以看到,在事件发生之前,网易严选的微信订阅号流量并不高,始终在几百到1 000左右徘徊,而通过这次事件,其微信订阅号的阅读量直接飙升到了10万以上,网易严选彻底火了一把。面对这些意外收获的巨大流量,网易严选也并没有选择不作为或沾沾自喜,而是在看到了流量背后的价值后,迅速做出反应——借力打力,第一时间在网站上推出促销活动,彻底扭转了这一场危机。

正所谓"得消费者得天下",网易严选用自身的实际行动告诉我们,遭遇危机其实并不可怕,只要你懂得如何借用现有资源转换思考模式,真正做到站到消费者中间,危机就有可能变成机会。

第 12 章

第 82~90 天 从个人到企业的转型：从个人主播到企业 CEO

在成为拥有流量洼地的"头部主播"后，主播未来发展之路究竟应该剑指何方？在这一问题上，包括薇娅、张沫凡在内的许多当红主播都用自己的实际行动为后来的主播做出了很好的示范：发展自己的品牌，招募自己的代理团队，实现从个人主播到企业 CEO 的转型。

招募代理与培养代理团队

如果你经常看直播就会发现，如今许多"头部主播"还在选择与厂家、品牌合作。但这并不意味着，如果主播选择走上从个人主播到企业 CEO 的转型之路，就走上了一条孤独之路，因为包括薇娅、张沫凡在内的一些先行者，已经迈开了围绕自己打造一条"产业链"的步伐，成为拥有自有品牌，并通过流量带动自有品牌发展的少数人。

或许，相比于害怕孤独，你更应该思考的是，在你正式决定走上这条转型之路后，你有可能会面临哪些困难，而这也正是本章我将和大家共同探讨的主要话题。

先让我们一起来提前了解一下在从个人主播到企业 CEO 的转型过程中可能会面临的第一个难题：如何招募代理及管理团队？

招募代理的最佳时机

我们总结一些成功从个人主播转型为企业 CEO 的当红主播的实战经验，可以得出这样一个结论：每年的年底和年初，都是自有品牌迅速崛起、快速发展的时期，这时候，也是招募代理的最佳时机。

为什么在这个时间段好招代理呢？我认为原因主要有以下两点。

年底是品牌重新洗牌的重要时机

到了年底，很多品牌在经过一年的发展后，可能会因种种原因运营不下去，而那些被淘汰的品牌的代理就需要重新选择自己要代理的品牌。

年初是大多数人重新规划职业方向和职业道路的最佳时机

每年年初，在外打工的人停止了自己现在的工作，很多大学生以及应届毕业生也放假回家了。此时，很多辛勤忙碌了一年的人会借着假期重新规划自己的人生，挑选自己的职业，寻找新的出路，这对品牌招募代理来说是非常有利的。

综合以上两点我们可以看出，年底和年初是招募品牌代理最好的时机，作为一名要从个人主播向企业 CEO 转型的主播，如果你想快速搭建自己的代理团队，你就一定要把握好年底和年初的黄金时段。

招募代理的三大误区

许多刚刚从主播个人向企业 CEO 转型的当红主播，在招募代理的过程中，往往会面临着这样的问题：虽然想了很多办法，但是代理的招募和团队的转化效果不尽如人意。

在出现这样的问题后，你可能需要反思一下在招募代理的过程中，自己使用的方法是否恰当。归纳起来，许多人在招募代理的过程中，往往会走入以下三个误区。

习惯性地进行人群分类

在招募代理的过程中，许多人会走入的第一个误区就是习惯性地进行人群分类。比如，你觉得这个人没有什么实力，所以就不愿花心思去争取；你觉得那个人实力特别强，害怕他将来对自己产生威胁，所以早早把他从代理名单中删除……事实上，这些行为都是不可取的。

你要明白，作为刚刚转型成功的企业 CEO，你在招收品牌代理的时候，并没有选择对方的权利，只有对方选择你的权利。

换言之，在招代理的时候，你不应该小瞧任何人，也不应该对任何人心存偏见，你只需要确定一件事情，那就是"希望我正面对的这个人成为我的代理"。

不会利用好友资源

在招募代理的过程中，人脉资源是非常重要的。在现实的代理招募过程中，我相信许多人应该都有这样的心理，那就是善于利用自己的人脉资源，却不愿意动用朋友的人脉资源。导致这种心理的原因主要有两点：一是怕麻烦，二是根本没有意识到朋友的资源的宝贵和重要性。

从客观上来说，每个人的朋友圈都是固定的、有边际的，这也就决定了你在招募代理的过程中，人脉资源会受到限制。如何突破这个限制呢？最好的办法就是无限地扩大自己的"朋友圈"，把朋友的朋友，甚至是朋友的朋友的朋友，全部变成你的朋友。

排斥同行

在招募代理的过程中，大多数人会犯的一个错误就是排斥同行，很多人认为某个人已经代理了其他的同类品牌，那么他就成了自己的竞争对手，而不会是合作伙伴。

事实上，许多时候，那些代理了其他同类品牌的同行，可能恰恰就是你的品牌的最佳代理人选。这是因为，既然他已经踏出做代理的那一步，这就证明他有这个需求，而他的需求，往往就是你的机会，反正代理一个产品是代理，代理两个产品也是代理，既然能赚钱，为什么只选择代理一个产品呢？

即便有些品牌规定了不可同时代理其他品牌，但是谁又能保证这些同行和他们目前的合作方会永远保持合作的关系呢？在日常生活中，你多和他们联络感情，多向他们灌输你的产品的优越性，说不定哪一天，他们就会成为你的盟友。

招募代理，最关键的是用心

以上我介绍了招募代理的三大误区，看到这里，相信许多人的内心又会产生这样的疑问：招募代理的正确方法是什么呢？

事实上，对于这个问题，并没有一个标准答案，但不管你采用怎样的方式去招募代理，都应该遵循一个原则，那就是用心。这种用心主要表现在4个方面（如图12-1所示）。

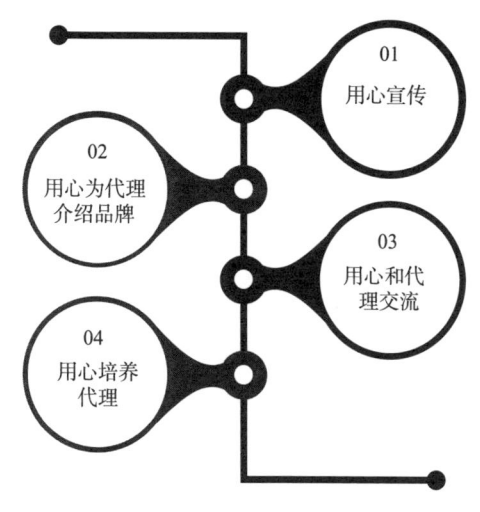

```
01 用心宣传
02 用心为代理介绍品牌
03 用心和代理交流
04 用心培养代理
```

图12-1　用心的具体表现

在这个世界上，有一种神奇的东西叫"吸引力法则"。而所谓的"吸引力法则"，就是说每个人身上都是有磁场的，当你用心去做某些事情，对待某个人，并对这件事有强烈的成功的渴望时，你成功的概率就会增大。

从这个角度来说，招募代理最关键的一点便是用心。比如，当有人表现出代理你的品牌的欲望时，你有没有用心地抓住机会，为他介绍你的品牌以及代理的相关事项？在他们加入了你的代理团队后，你有没有认真地培养他们？在代理遇到问题后，你有没有换位思考,帮他们解决问题?

要记住,很多时候,正是你的用心程度,决定了别人是否愿意跟随你。

培养代理

以上我介绍了招收代理的三大误区和正确方式。事实上,把人招到位还只是第一步。重点是在人到位后,如何对这些人进行培养,打造一支高凝聚力、高效率的代理队伍。

在这一点上,我想和大家分享两点经验。

排除代理的顾虑

在招到代理后,排除代理的顾虑,增强代理的信心,让代理愿意死心塌地地跟着你,这一点至关重要。

一般来说,代理的顾虑主要来自三方面:第一不懂产品,第二不懂营销推广,第三不知道赚不赚钱。而要打消他们的顾虑,你只需要告诉他们三点即可。

第一在加入你的团队后,你会安排专业的培训,帮助他们充分了解产品。第二会有人全程手把手教他们如何操作。第三只要用心、努力,赚钱不是问题。

相信在有了这些承诺后,代理的信心会更强,干劲儿也会更足。当然,你对代理的这些承诺,也一定要努力做到。

随时跟踪动态

刚开始加入团队的代理,可能会有惰性,这个时候,帮助他们"戒掉"惰性,最大化地激发他们的工作热情,就成了你的主要任务。

在这一点上,你可以采用定位追踪和目标追踪的方式,去督促代理更好地工作,检查他们是否按照团队的方法去执行任务。或许在一开始,有些代理的表现并不如人意,甚至会出现许多纰漏,这个时候,你先不要着急,还要及时地帮助代理改正这些错误。

除了行动的追踪,在适当的时候,你还要对代理进行"思想"的追踪,简单来说,就是多和代理聊聊天、谈谈心,在无形之中增强他们的信心。

总之,要记住,代理不仅是你的工作伙伴,更应该成为你的朋友。当你以对待朋友的方式真诚地对待他们和帮助他们的时候,相信你一定可以获得意外的收获。

如何从 0 到 10 000

在上节的内容中,我为大家介绍了招募代理和培养代理团队的具体方法。有时候,作为刚刚从个人主播转型成功的企业 CEO,你可能不仅需要招募代理,还需要发展分销商。此时,你又该如何做呢?

寻找潜在分销商

正所谓"巧妇难为无米之炊",要想从 0 到 10 000,你需要解决的第一个问题便是找到自己的潜在分销商,然后把他们发展成真正的分销商。

问题是,你的潜在分销商究竟在哪儿呢?结合我自己的实际经验,我认为以下两类人是最有可能成为分销商的。

看到好东西愿意分享给朋友的人

作为主播,当进行卖货直播的时候,你一定会发现一个有趣的现象,那就是有些用户虽然不买东西、不消费,但是当看到好玩、好看或好吃的东西出现在直播间时,他们会真诚地发出赞美,并愿意将这些好东西分享给身边的人。这些不购买但看到好东西愿意分享给朋友的人,就很容易成为你的分销商。

收入有限,但有时间、有赚钱欲望的人

由于某些客观原因,有些人可能收入并不高,但与此同时,他们又有相对自由的时间,并且有赚钱、做事的欲望。这一类人,也是最适合做分销商的人选。归纳起来,这类人主要分为 6 小种(如图 12-2 所示)。

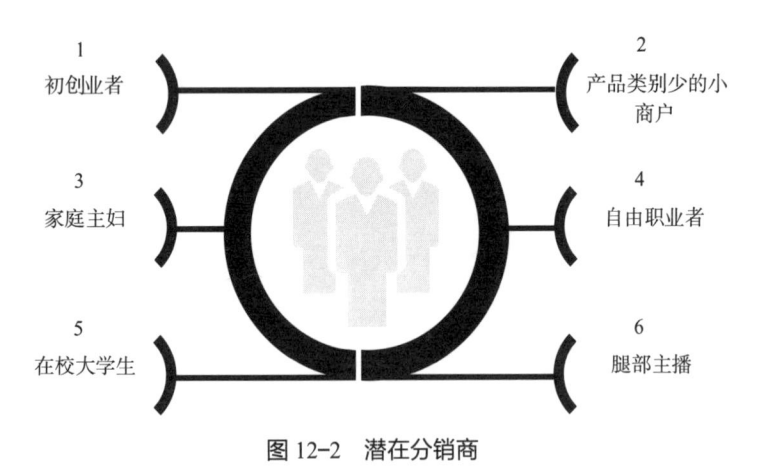

1 初创业者
2 产品类别少的小商户
3 家庭主妇
4 自由职业者
5 在校大学生
6 腿部主播

图 12-2 潜在分销商

选择分销模式

在找到了潜在分销商后,接下来你要做的便是确定自己的分销模式。这个模式究竟该如何选择呢?

我们都知道,不同的分销系统有不同的分销模式,作为企业CEO,你在选择分销模式时不仅要结合行业因素,更要分析自己的产品以及你选择的分销商适合哪种分销模式。

一般来说,最常见的分销模式主要有注册分销和购买分销两种类型。

注册分销属于初级分销,用户注册成为企业会员的同时具备分销商资格。分销商在企业商城或直播间分享任意一个分销商品,在产品成交后,均可获得提成。

而购买分销也被称为高级分销,潜在分销商必须在满足某条件(条件由商家自行设定,如指定购买某件产品、订单成交累计金额等)后才能具备该商品的分销资格,用户在成为分销商后,在直播间或企业商城中分享任意一个分销商品,在购买成交后,用户均可获得提成。

刚从个人主播转型为企业CEO的主播更适合采用只要注册就可以成为分销商的注册分销模式。当然,倘若你想让自己的分销模式更为灵活,那么你也可以既选择注册分销,又选择购买分销。总之,不管你选择哪种分销模式,都一定要结合自己的实际情况。

需要注意的是,在确定了分销模式后,你还要让更多人知道直播间和分销商城的存在。关于直播间的引流和推广,在前面的内容中我已经细致地介绍过,这里就不再赘述。

从 0 到 10 000 的三个有效策略

在找到潜在分销商并确定分销模式后,分销工作的前期准备工作就完成了,接下来,你还要面对第三个难题:如何吸引更多的潜在分销商加入你的分销队伍。

以下为大家介绍从 0 到 10 000 的三个有效策略。

打造"硬核"产品

对潜在分销商而言,产品是吸引他们加入分销队伍的最好的"招募书",这一点在任何时候都不会改变。因此,作为刚刚从个人主播转型为企业 CEO 的主播,要想让分销商从 0 到 10 000,你应该采取的第一个策略就是打造"硬核"产品。

具体来说,你可以从以下三方面去努力。

一是丰富产品品类,给分销商更多元化的产品选择。你的产品覆盖的品类越多,能吸引到分销商的范围就越广。

二是紧跟潮流,首发新品。

三是持续产出优质的导购推文,分销商可以直接复制使用,让没有电商经验的人也能轻松卖货。

持续推出爆品

在打造"硬核"产品的基础上,主播还要持续推出爆品,这也是吸引分销商的一大法宝。我们又该如何打造爆品呢?

以下两点建议希望能帮助到大家。

找到产品优势

产品本身有优势、有特点,就意味着产品能够在第一时间抓住其他人的眼球,因为特点即"卖点",而爆点最重要的特征就是卖点突出。例如，跑鞋是很常见的商品，但倘若我们赋予了这件普通商品"有 10 000 个透气孔"的特点，并充分将这一特点凸显出来，它就有可能成为爆款。

通过内容包装，将产品的优势无限放大

在找到产品优势后，我们还要想方设法突出产品优势，努力将产品优势放到最大。在这个过程中，一个实际可行的办法就是借助内容包装的力量。

比如，在描述产品优势、展示产品卖点时，尽可能地选择照片、动图或视频。这样做的好处是一方面能够最大限度地提升产品本身的展示性，另一方面直击用户痛点，让接触到产品的用户产生共鸣，愿意掏钱买单，并愿意进行二次分享传播，从而帮助产品获得滚雪球般的信任流量。

将爆品的影响力发挥到最大

在爆品打造完成，并通过内容包装将产品的优势进行了无限放大后，接下来你要做的，就是要将爆品的影响力发挥到最大，以吸引更多分销商进行分销。

主动挖掘潜在分销商

不难看出，以上我分享的两个发展分销商的有效方法都是在产品上做文章，靠优质产品吸引分销商。从本质上来说，这两种方法其实都显得比较被动。我们都知道，在如今这个"酒香也怕巷子深"的时代，"被动等待"显然是行不通的，你应该在适当的时候主动出击。

发展分销商同样如此，除以产品为抓手被动吸引分销商外，你还要懂得主动争取，尽最大努力从各个渠道挖掘有意向的分销商。

比如，积极参加一些行业活动，充分利用人脉资源等。

以上分析了从 0 到 10 000 的三个有效策略，相信在掌握了这些策略后，你的分销商发展之路一定会更加顺畅。

常见的 5 个供应链玩法

招募代理的问题解决了，分销商也找到了，是不是就意味着你的企业 CEO 之路步入正轨了呢？答案显然是否定的，在这个过程中，你还有一个重要的问题要解决：寻找货源。

在营销界，有这样一个说法："没有货源，就像无源之水。"自身没有货源，这是许多"头部主播"在从个人主播转型为企业 CEO 的过程中遭遇的最大拦路虎。

货源如何找呢？

直播机构的本质就是培育主播，帮助商家卖货，在培育初期的主播的货源只能依托于商家寄样。机构在孵化新主播的这一过程中慢慢地发现，招商已经无法满足直播间货品的需求。

2018 年，很多供应链没有意识到直播会再次爆发，于是出现了"超卖"的问题，尤其是女装。如果一场直播每天至少要更新 40 款商品，我们的机构有 5 个主播，整个机构每天就要直播 200 款商品，一个星期下来整个机构就需要 1 400 款商品，这一数量相当于一个 Zara 门店的品类。结果在 2018 年的 9 月和 10 月，我们通过直播把杭州、广州的夏秋装都卖光了。

淘宝直播负责人赵圆圆在发布 2019 淘宝直播趋势时，立下了

1 900 亿元的成交计划，平均每天的成交额在 5 亿元左右。她一再强调，要从开始的有货卖，到现在以直播间的节奏来要求供应链。

所以，主播要想找到好货，一定要找到供应链。比如，你是做服装主播的，那么你一定要去离供应链近的城市发展，比如杭州和广州。

于是，服装主播便走出了三条路。

一是依托强大的招商能力，继续线上招商，解决商品款式的更新问题。

二是依托现有的电商运营团队，自己开店解决货品问题。

三是走到线下，与批发市场合作。

在早期的流量红利阶段，随着主播的成长，部分给主播供货的供应链尝到了甜头，于是越来越多的供应商加入进来。同时，成长起来的主播对货品的要求也越来越高，平台官方有意推动这个业务的进程，于是便有了品牌直播基地、线下市场直播供应链等，杭州九堡直播基地就是典型玩法之一。

2019 年伊始，越来越多的人意识到了直播供应链的重要性，于是蜂拥而至地参与直播供应链这盘棋局中来。这也使得供应链的形式从单一模式向多元化模式转变，我归纳了一下，大致分为 4 个阶段（如图 12-3 所示）。

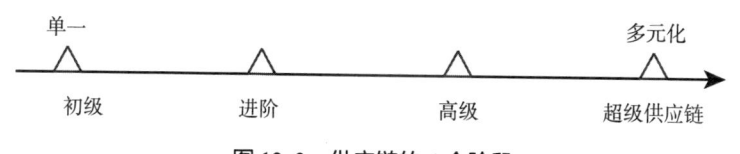

图 12-3 供应链的 4 个阶段

在这 4 个阶段里，供应链都在根据自身具备的能力，瞄准自身市场，打造自己的核心竞争力，进行精细化运营。

下面，我将为大家分享常见的 5 个直播供应链玩法。

品牌集合模式

先分享第一个直播供应链玩法——品牌集合模式。

简单来说，品牌集合模式，就是供应链利用自身优势资源，通过和线下专柜品牌合作，建立自己的直播基地，对外邀请主播来卖货。根据我们的经验，这种模式的直播产品一般以前一年的老款为主，折扣相对较低，也有新款产品，但折扣力度不大。

目前的品牌直播基地基本上是这种模式，对应的直播大型活动有超级内购会。

要真正理解品牌集合模式，我们可以从两个角度来看。一是经营方式。品牌集合模式的经营方式具有三大特点。

- 多品牌共享供应链资源，供应链统一管理。
- 渠道资本而非生产资本。
- 品牌资源丰富或货品渠道多样。

二是品牌集合模式的归类。通过品类和品牌多寡矩阵组合来判断。

品牌集合模式主要具有两大优点：一是所有库存均由品牌方承担，供应链实际上就是赚取差价的中间商，并没有太大的库存风险；二是挂牌的供应链基地还可以承办超级内购会活动，获取官方资源位，召唤主播来直播，每月一场超级内购会，会取很不错的收益。

比如 2019 年 9 月 20 日，在浙江省桐庐市崇福镇的"爱嘟"皮草供应链基地里，蘑菇街主播 cherry 参与组织了一场皮草专卖直播。当晚的成交额突破 100 万元，刷新了 cherry 此前保持的最高纪录。

当然，世上万事万物不可能尽善尽美，品牌集合模式也是如此。品牌集合模式的缺点是其纯靠外部主播来消化，自己不生产货品，不做电商运营，也没有孵化主播，完全是靠天吃饭，因款式陈旧，营收很难稳定，也没有自己的核心竞争力，再加上是帮供应链清理库存，所以成本较高。

供应链要维持 30% 以上的毛利，加价率一般要在两倍以上，所以商品的性价比其实也不是很高，用户经常会发现别的渠道还有比直播间更低的价格。

总体来说，品牌集合模式是一场零售革命，在这场变革中，供应链在四大要素不变的情况下，发生了"人、货、场"的变化，即连接方式的变化、商品的变化、效率的变化、体验的变化。

品牌渠道模式

品牌渠道模式就是品牌方在线下有门店，并利用现有优势资源，向线上营销渠道进发，创建供应链的模式。这种模式通常有两种形式，一是品牌方定期开发一批特别款商品，邀约主播推广；二是品牌方与知名主播合作，推出联名款商品。

品牌渠道模式对主播来说，有以下4个优点。

- 目前电商直播平台上的主播越来越多，但供应链单一，所以商品同质化现象越来越严重，主播若是能与品牌渠道合作，共同打造具有独特吸引力的商品，这将帮助主播脱颖而出，形成独特的竞争力。
- 品牌方与主播通常是一种双向选择的关系，无论哪一方，都会尽量寻找与自己风格契合的另一方，如果受众群体也比较青睐该风格，那么直播的转化率会比较高。
- 这种模式的利润由品牌方控制，利润空间大，无论是品牌方还是主播都有利可图。
- 这种模式不会对主播造成很大的库存压力，主播甚至可以不进货。同时，对品牌方来说库存压力也比较小，线上卖不完的商品，可以放到线下门店出售，该供应链的库存风险较低。

《幸存者李佳琦：一个人变成算法，又想回到人》一文中提到，一家小品牌的鸡汤，为了达到获取淘宝免费推荐位的一项要求（为淘宝带来300万站外流量），放手一搏，找到了李佳琦。结果效果非常好——李佳琦在直播间宣布完半价之后几分钟，该品牌鸡汤便被拍下3万多单。品牌方目瞪口呆，要知道这相当于其店铺两个月的销量。

这种模式的缺点也很明显。

- 新款商品开发周期较长，品牌方花费大量时间为主播设计商品的可能性较低，且款式更新数量不多，商品供应与直播之间出现断层，这样很难在观众心中留下深刻印象。
- 在这种模式中主播处于被动地位，选择的主导权在品牌方手里，主播需要具有一定的粉丝数量，并且风格要与品牌方一致，满足条件才有可能被品牌方选中。

批发档口模式

批发档口模式，是指主播与批发商合作，这种合作也分三种形式：一是主播与单个档口合作；二是批发市场内所有商户共同形成供应链，与主播合作；三是第三方出面交涉，搭建档口与主播之间合作的桥梁。

广州万佳服装批发城是广州最早的服装批发集散地，一直做着传统的服装批发生意，但随着直播的浪潮呼啸而来，批发商的传统销售模式被迅速打破。其中有一个叫"卡卡"的快手主播，迅速靠着直播打开了销路，半天直播就能卖出一个档口两天的批发量。其他坐等着顾客上门的批发商坐不住了，纷纷在档口前挂上"招主播""招网红""欢迎直播"的广告，档口变成了秀场。

这种模式的优点在于，批发市场货品多样，款式随潮流更新，且商品价格低廉、性价比高，主播可以依靠这些优势，迅速吸引粉丝，提高成交率。

这种模式的缺点在于，档口没有专业的直播供应链，主播难以选择优质的合作商家。同时批发市场款式更新快，档口一般不支持退货，这就很容易造成主播与档口之间的利益冲突，出现矛盾。

尾货组货模式

主播要想寻求更高的利润，获得更高的报酬，找到更加便宜的供应链货源就变得非常重要。而尾货是服装市场中一个特别的存在，它是生产厂家因为库存压力大而超低价"甩卖"的一种货品。主播与掌握大量尾货资源的供应商合作，这种模式就叫作尾货组货模式。

主播在为直播挑选尾货资源时，要注意以下三点。

- 服装尾货进货，不能贪多

主播在还未把握观众喜好的时候，最好是坚持多款少量的原则，多拿一些款式，每个款少拿一点儿，根据观众的反馈补货。

- 不要盲目相信批发商的承诺

退换货在服装行业中是一件比较麻烦的事情，由于尾货批发商的利润不高，所以一般不支持退换货，主播在进货前需要慎重考虑。

- 不要贪便宜

很多主播对服装市场并不熟悉，对整个市场行情不能完全把握，有时尾货批发商给的货价看似便宜，实则在同类商品中比较贵，而特别便宜的商品，很有可能质量较差。

这种类型的供应链优点突出，主要是商品性价比极高，利润丰厚且款式较多。主播若是利用这种商品开展"秒杀""抢购"等活动，成交率会非常高。缺点就是尾货通常都是款式较为陈旧、质量稍低的产品，很有可能需要卖家解决大量售后问题。而且尾货资源并不稳定，很有可能这次卖完下次就没有了。

代运营模式

代运营模式，主要针对的是既有电商基础，又具备直播资源的机构。这些机构通常是专业的直播代运营公司，手底下有一批主播且都了解电商直播知识。

代运营模式一般的收费标准是服务费加佣金提成，以代运营主播为商铺完成的任务难度为准。通常情况下，代运营主播与商铺之间按季度签约，合作时间比较短。若是合作顺畅就续约，若达不到商家想要的效果，商家就会与主播解约。

这种类型的优点是主播不用承担过多风险，无须帮商家处理各项事宜，即便效果不理想，也没有后顾之忧。

但缺点就是，没有固定的合作商家，如果直播质量一直不好，那么主播很有可能会陷入没有商家合作的境地；但如果直播质量太好，商家利润被大量分取，当商家能够自己运营直播时，其就会果断地放弃主播。

以上就是五大供应链玩法的优缺点介绍，目前电商直播仍旧是红利期，主播体系刚刚脱离野蛮生长的阶段向专业化运营转变，电商直播的未来趋势依旧是持续上涨的。在这样的时代大背景下，主播如果能够抢占优质供应链资源，就能更好地抢占行业先机。